丹野智文

JN030191

認知症の私から見える社会

講談社+α新書

はじめに

認知症の人から見える社会

この本を開いているみなさんは「認知症」と診断された人にどのようなイメージを持っていますか？　「何もできない人」「すぐに忘れる人」といったイメージではないでしょうか？

私は、自分が認知症と診断されてから八年の間に三〇〇名を超える多くの当事者と出会い、話をしてきました。

私はその経験を通じて、この本では本当に私が伝えたいことを書きます。

たしかに、認知症と診断されたその時から私たちの暮らしは、いままでの生活とまるっきり変わってしまいます。でもそれは、認知症の症状のせいではありません。診断されたからといって次の日から急に「物忘れ」が増えるわけではありません。周りの人たちの意識が大きく変わってしまうのです。

なぜなら、認知症になったら「何もわからなくなる」などの間違った情報や、重度の症状の情報だけが蔓延していたりすることによる誤解があるからです。私はこのような当事者や家族の不安を煽っている社会に疑問を持っています。

これからどのように進行していくのかわからない不安から、家族は追い詰められ、当事者も普通に暮らすことができなくなります。ある家族が、「実際の認知症とはどのようなものなのか知らないから、周りの情報をうのみにしてしまう」と話していました。

認知症の人たちは、実際には会話することができるし、笑い、考えることもできるのに、周囲から「話ができない」「何もできない」と言われます。認知症の人が、自分で行くと決めたわけではないのに、「行きたくない」「参加したくない」と感じている場に参加しないと「拒否」と言われます。

認知症の当事者が「どうしたいのか」を自分で決めて選ぶのがいちばんなのに、自分で決めることができないというようなおかしなことになっています。

周りの人たちが、間違った情報から間違った対応をするのは仕方ないことかもしれません。しかし、その間違った対応により、当事者は気持ちが落ち込み、不安からくる鬱《うつ》や、家族や周りの人の守りすぎからくる依存など他の病気を引き寄せてしまう環境ができてきます。

それも「認知症をきちんと知らない」から起きることだと思います。

私たちは、笑顔でいままでの生活を続けていきたいだけなのに、診断直後からそれができなくなる社会はおかしいと思っています。

私が認知症当事者の想いを語る理由

最近、「認知症フレンドリー」「認知症にやさしい街」などを謳い、認知症になっても住みやすいように表示を見やすくしたり、使いやすい道具を考えたり、公共交通機関を使いやすくしようというような活動が増えてきました。

認知症の人が使いやすいものは、高齢者にも使いやすいものだと思います。認知症の人にとって公共交通機関が使いやすいというような良い環境は、他の障害のある人にも、良い環境になると思います。環境が良くなることは、とてもうれしいことです。

しかし、これらのことはすべてハード面が良くなっているだけであり、認知症当事者に関わる人たちの気持ちや考え（ソフト面）が変わらなければ、本当の意味で「認知症にやさしい街」にはならないと思います。

これまで認知症の人に関わる中でやってきたことが、「正解」か「間違い」かで判断するのではなく、みなさんが関わる認知症の人たちが「幸せと感じているか」を振り返っていただきたいと思います。

私は、認知症と診断された当事者が、自分の人生にあきらめることがなく、笑顔で前向きな生活ができることを願っています。当事者が笑顔で前向きな生活を送ることで、家族も楽になりお互いの幸せにつながると思うからです。

診断直後は、家族に「あれもダメ、これもダメ」と言われて気持ちが落ち込んでいた当事者が、当事者同士の話し合いから、自信を取り戻したことで、より前向きな言葉を言うようになりました。

家族の前でも笑顔が増えたことにより家族も安心したのか、当事者のやることをダメと否定するのではなく、どうしたらできるのか一緒に考えるようになってきました。家族が応援してくれるように変わったことで、家族の仲が認知症になる前よりも良くなったと喜んでいる人もいます。

しかし一方で、私と一緒に活動してきた当事者の仲間たちの中には、本人の意思とは関係なく精神科病院に入院させられ亡くなった人がいます。精神科病院では「暴れる」「出て行こうとする」等の行動が、問題行動とされ身体拘束されていました。何の説明もなく入院させられた仲間は、一人ではありません。そして、私たちのところに帰ってこられなかった仲間のことを考えると「彼らの寿命は本当にそこだったのか、精神科病院に入っていなかったら、現在も一緒に元気に活動できていたかも」と考えてしまいます。

精神科病院がすべて悪いとは思っていません。薬を調整することで、症状が回復する場合もあると聞いています。しかし、入院した私の仲間たちは無表情になり、すべてをあきらめているように見えました。彼らの姿を思い浮かべるだけで、悔しく、悲しくて、イライラします。この思いを「仕方なかった」で終わらせたくないと考え、今回、認知症当事者としての想いを書きました。

認知症の人のことを「当事者」と言う理由

私は、認知症の人のことを「当事者」と呼んでいます。「患者」とは言っていません。これは意識的にそうしているのです。「病気になったのだから『患者』だよ」と言う人もいます。講演会や取材でも私が「患者」という言葉を一度も使っていないのに私のことを取材した新聞記者さんは「患者」と書いていました。

辞書で「患者」を調べると、医者から診断や治療、助言を受け医療サービスの対価を払う立場の人、医者の側から見た言葉、と載っています。医者の側から見た言葉なのに、医者でもない人が普通に使っているのです。

「薬を飲んでいるから患者」だと言われたこともあります。たしかに病院では、診察を受けて薬を処方されるのですから「患者」です。でも、病院から外に出ても「患者」と言われるのはおかしいと思います。

認知症の症状はあるけれど普通に生活しているのに、「患者」と言われることで「病人」というイメージとなり、それが「認知症が進行した状態＝認知症」という、間違った理解を広めることになります。症状はあるが生き生きと暮らしている人を「患者」と呼ぶことで、「重い病気の人」というイメージを植え付ける可能性があるからです。

私は「人の顔がわからない」ことや「物忘れ」することがあるけれど、工夫をすることで補うことができています。そんなに重い病気とは思っていないので、みんなが考えているような「患者」という感覚は私の中にはありません。

当事者という言葉には、「その事柄に直接関係している人」という本来の意味がありま す。「本人」「認知症の人」であるとともに、本当の意味で認知症に関わる「当事者である」という意味で私は「当事者」という言葉を使っています。

気遣いのない言葉が、「認知症の人＝大変な人」というイメージを広げ、「認知症なんかになりたくない」と思わせる原因となるのです。

いままで私は、「認知症の症状から逃げ出すことができない人」「認知症と診断された人」のことを当事者だと考えてきました。しかしそれだけではなく、診断された本人が、暮らしていく中で、自分の意思によって自由に行動をしたり、要求することが当たり前としてできるのだということを社会に発信していく、「認知症に関係して発信していく人」だと思うようになりました。

この本を手にした読者のみなさんへ

私は活動の中で、県や市の会議に入り当事者が読む冊子を作ったり、認知症の人の生きづらさ等に関する調査の話し合いにも関わってきました。

そこで常に私は「認知症の本人の意見を聞いて欲しい」と言い続けています。

それを言うと、「じゃ重度で話ができない人の意見はどうするの」と言われ、「ウェブを使って情報を発信しよう」と言っても、「携帯電話が使えない、パソコンを持っていない人はどうするの」と言われてしまいます。

そもそも、認知症の発症年齢によっては携帯電話を使いこなせない人もいるし、日常的に使ってきた人もいます。ですから、携帯電話は使える人が使えば良いのです。最近は携帯電話も簡易に使える機種が増えているので、使えない人は覚えれば良いし、覚えられない人は周りがサポートすれば良いと思うのです。

「認知症の本人の意見を聞いて欲しい」と発信した時に、なぜ、すぐに進行した人の話を持ってくるのでしょうか。私の活動は、これから認知症になる人や診断されて落ち込んでいる人が、困らないようにするための活動です。

当事者の暮らしは、診断後、初期の段階から自分で決めて工夫しながら行動している当事者と、診断直後から「認知症だからできない」と決めつけられて、制限や監視の環境のもとで生活するようになった当事者とでは、明らかにその後の進行や暮らしぶりが違うのです。

「認知症の本人の意見を聞いて欲しい」と発信する際に、家族や当事者の置かれている環境などにより、さまざまな意見があるとは思いますが、私はこれから認知症と診断される人たちや、初期で診断されて不安でいっぱいの人たちに向けて「このようにすればこれまでの生活を続けていける、うまくいくかも」と提案したいのです。

それなのに、「進行してできない人たちはどうするのか」「いままで使っていない人たちはどうするのか」ということは、話の論点がズレていて、おかしいと思うのです。これを「差別だ」と言う人がいます。これは差別ではなく、段階に応じた対応です。喋れない人の話は、誰かが代弁したら良いし、道具を使えない人には使えるようにサポートしたら良いのです。「喋れない人はどうするのか」「うちの人は使えない」と言うのは、私からしたら屁理屈にしか聞こえません。「できるかできないか」「0か100か」で考えるのではなく、どのようにしたらできるのかをなぜ考えないのでしょうか。

そして何より、診断直後の良き仲間、良き支援者との出会いは、その後の当事者の人生を大きく変えるのだと、私は活動から実感しています。

認知症は、進行してから行動や生活を変えるのは難しいと感じています。しかし、診断直後に適切なサポートを受け、本人が病気とうまく関わることができれば認知症と診断された当事者はより良く生きられます。だから、「できなくなる」「できない」というような、将来に向けてのネガティブな情報ではなく、より良く生きている当事者の情報が必要なのです。これは、当事者同士が出会うことで、実際に変わった当事者をたくさん見てきたからこそ言える話です。

私が全国で出会ってきた支援者の中には、とても素晴らしいサポートをしている人たちがいます。そのサポートとは当事者の話を丁寧に聞き、当事者の想いを一緒に実現している人たちです。しかし、それは一部の人たちであり、多くの人たちではありませんでした。

この本を読んでいるみなさんも、認知症と診断された時に私たちと同じ思いをしないように、当事者の話を聞き、認知症と診断された人の視点に立って、社会を見つめてみてください。それがあなたのこれからの「備え」となるのです。

認知症の私から見える社会／目次

はじめに　3
認知症の人から見える社会　3
私が認知症当事者の想いを語る理由　5
認知症の人のことを「当事者」と言う理由　7
この本を手にした読者のみなさんへ　9

第一章　認知症の人たちの言葉から

みなさんに考えて欲しい当事者の言葉　22
「家族から車に乗らないでと、きつく言われ、車や鍵を隠されて免許証を奪われた」　22
「すべてを奪われた」　23
「認知症になってから言われ方がきつくなったと感じる」　24
「やめたらいいのにとあきらめさせられる言葉がけが多くなった」　25
「やることなすこと危ないと言われる」　25

「『忘れたの?』『さっきも言ったでしょ』『また』。これらの言葉がいちばん嫌な言葉」 26
「なぜそのように言うのだろう、家族の声のトーンも違うように聞こえる」 27
「家族が先生(医師)と話をしているが全然自分の考えと合っていない」 28
「自分のことをわかっていないと感じる」 29
「認知症でなければ信頼してくれる」 29
「何もできないという先入観を持たれている」 30
「認知症だからと自分に言い聞かせることで楽になれる」 31

第二章 認知症の人の目の前にある「現実」

精神科病院へ入院した仲間 34
診断後からの支援について 36
当事者不在の認知症カフェ 40
当事者が「参加」したくない理由 41
当事者抜きの支援 44
当事者と話をしない支援者 45

「悪口」は本人のいないところで　48
当事者の想いを聞くだけで変わります　52
最大のバリアは人　53
秘密がなくなるつらさ　55
「認知症らしくない」と言われても　57
病名ではなく目の前の人を見てください　60

第三章　「やさしさ」という勘違い

当事者がイライラしている理由　64
「私は大丈夫」と伝えたい　66
「困る自由」が奪われる　67
「やさしさ」が自由を奪う　69
「進行を遅らせたい気持ち」が絶望を招く　71
居心地が良い場所になっていますか？　74
「ストレス」という最大のリスク　76

「欠けている部分」を認めてもらう　79

第四章　「あきらめ」という問題

嫌な気持ちになるから話をしない　82
当事者をあきらめさせる家族の声かけ　84
何もできなくなる理由　86
共依存　87
あきらめてしまう環境　90
当事者があきらめから解放されるには　92
家族の歴史と言うけれど　94
家族同士の話し合い　97
最初は介護よりサポート　98
自分で選ぶ、自分で決める　100

第五章　工夫することは生きること

当事者の工夫　104
忘れることに備える工夫　104
持ち物がわからなくなることを防ぐ工夫　106
手続きをしやすくするための工夫　106
お出かけしやすくなる工夫　107
外出を楽しむための工夫　109
予定を間違えないための工夫　110
日課を続けるための工夫　111
時間を知るための工夫　113
置き忘れをなくす工夫・物をなくさないための工夫　113
安心して暮らすための工夫・道具を使う工夫　115
着替えの時の工夫　116
タブレットやスマートフォンを使用した工夫　116

買い物をする時の工夫 119
この本を作った時の工夫 119
同じものをいくつも買うのが困るなら 121
ちょっと考えを変えるだけで楽しくなる 122
変わってきた認知症を取り巻く環境 124
認知症に備える 126
ITという大きな武器 127

第六章 認知症と共に生きる

なぜ空白の期間ができるのか 132
とりあえず取得する介護保険 133
病気をオープンにできない理由 135
「できること」「できないこと」「やりたいこと」の三つを伝える 136
認知症を取り巻くさまざまな偏見 138
当事者が「自分で決める」 141

認知症が治る薬 143
当事者の力 144
希望と絶望 147
良き理解者との出会い 152
私の新しい人生 153
おわりに 157

第一章　認知症の人たちの言葉から

みなさんに考えて欲しい当事者の言葉

私は「はじめに」でも書いたように、自分が認知症の診断を受けてから三〇〇人を超える当事者と出会い、じっくりと話をしてきました。当事者の相談窓口、ピアサポート（当事者同士の話し合い）活動、全国からメールで相談があれば、直接当事者の家にも訪問してきました。

いままで当事者は病識がない、自分の行動を認識できていないと思われてきましたが、これから紹介するのは認知症当事者から直接聞いた言葉です。

多くの当事者が言った言葉で私が大切だと思い書き留めていたものです。

「家族から車に乗らないでと、きつく言われ、車や鍵を隠されて免許証を奪われた」

事故を起こしたこともないのに認知症と診断名がついただけで、危ないから運転はやめたほうがいい、道に迷ったら大変と言われたが自分は納得ができなかった。

事故を起こして人をひいたら大変なことになると言われても、それは認知症でなくてもみんなも同じだし、いままで事故を起こしたことはないので大丈夫だとは思ったが、何度も言われるので、遠くには行かないようにしたり、乗る頻度も減らし、自分では注意をしていた。しかしある日、車の鍵がなくなったと思ったら買い取り業者が家に来て勝手に車を持っていってしまった。

その後免許証も返納させられたが、車がないとどこにも行けないし、趣味のゴルフや庭でのガーデニングの土なども買いに行けなくなり何もできなくなってしまった。

「すべてを奪われた」

一人暮らしをしていて、車で全国を旅行することが好きだったが旅行中に道がわからなくなり、学生に警察を呼んでもらったことがきっかけで認知症の検査入院をした。検査入院で認知症と診断され退院するといままで住んでいたアパートが解約されてしまった。認知症と診断されたために家族が一人暮らしは危ない、施設や病院へ入ったほうが安心と勝手に決めてしまったのだ。

認知症と診断されたら行動を制限され、免許証は取り上げられ、自分のしたいことが一人でできなくなった。

いままでは自由に遠くまで出かけることができたのに、出かけられなくなり、財布も家族が持っているのでお金も持っていない。何も自分の思うようにできない状態になった。

「認知症になってから言われ方がきつくなったと感じる」

買い物に行った時に人前で「何やってるの、しっかりして」など家族から大きい声で言われることが多い。そして買い物袋を持とうと思っているのに「はい、これ持って」と命令される。「手伝って、持ってくれない？」と言われれば良いのだけれど「持って」と命令口調で言われるから嫌になる。

頼まれるのではなく、命令されるようになったと感じる。

「〇〇したい」と言うと認知症だから無理、ダメという言葉を言われることが多い。

「やめたらいいのにとあきらめさせられる言葉がけが多くなった」

家で自分でお茶を入れて飲もうとお湯を沸かした時に、「やめて、危ないから、やめたらいいのに」と言われた。自分は家族に迷惑をかけたくないと思って自分のできることをやろうとしているだけなのに、強く言われると気持ちが落ち込んでしまいやることをあきらめてしまった。

心配してくれるのはわかるけど、もっと自由にやらせてもらいたい。しかし、家族が自分のために言ってくれているのがわかるのでやらせて欲しいと言えない。できることまでやってもらってしまうことでどんどん自分の自信がなくなっていくのがわかる。

「やることなすこと危ないと言われる」

認知症になる前は一人で出かけていたし、料理もしていたのに、「出かける時は声をかけて、一緒に行くから」「料理は私がするから、大丈夫だから座ってて」と言われ、自分でしたほうが早いのでやろうとすると「危ないから」と注意されるのでおとなしく座っていることが増えた。

家の庭の木の枝が伸びたので、そこを通る時に頭に枝が当たって危ないと思い脚立《きゃたつ》に登って切っていたら、「何をやっているの、危ないからやめて」と止められて口げんかになった。

認知症になる前は普通に生活していたのに、認知症と診断されたら同じことをしても危ないからやめてと言われるのでイライラして言わなくてもいいことまで言ってしまった。

自分では変わりがないと思っているのに認知症だから危ないと言われることが増えた。

「『忘れたの？』『さっきも言ったでしょ』『また』。これらの言葉がいちばん嫌な言葉」

今日はどこへ行くのと訊くと、「忘れたの？」「さっきも言ったでしょ」と言われる。約束を間違えると相手に悪いし、今日や明日の予定が気になるから訊いただけなのに、「さっきも言ったでしょ」ときつく言われるので、どうしたら良いのかわからなくなった。失敗はしたくないので確認しているだけなのに確認ができない。

失敗したらしたで「何で書いておかない」と怒られたので、訊いても訊かなくても同じで嫌な感情にしかならないと思った。

忘れたくて忘れているわけでもないし、悪気があって訊いているわけでもないのに、いつも嫌な顔をされるので訊くのが怖くなるし、何もやりたくなくなってきた。何もしないでおとなしくしていたほうがお互いに幸せかもと最近は思う。

認知症になってから嫌な言葉を毎日言われているようだ。

「なぜそのように言うのだろう、家族の声のトーンも違うように聞こえる」

探し物をして家族に訊くと、「ここにあるでしょ」と声のトーンが認知症になる前とは明らかに変わりきつくなったと感じる。耳が聞こえないわけでもないのに大きな声で言われることが増えた。そんなに悪いことをしているとは思っていないのにイライラしながら言われていることがわかる。そして、責められる言い方をされる。

眼鏡をどこに置いたか忘れて探していると、「きちんといつもの場所に置きなさい」と言われたが、前の日、家族もどこに鍵を置いたか忘れて探していたのに、なぜ自分ばかりが責められるのだろうと感じた。それを家族に言うとなぜか自分たちのことは絶対に認めようとはしない。

「家族が先生（医師）と話をしているが全然自分の考えと合っていない」

診察室で先生は、私にではなく家族に体調とかを訊くけれど、私がいちばんわかるのになぜ家族に訊くのだろうと思う。家族もわかったように答えるけど、見た感じだけで自分の気持ちと合っていない。趣味を訊かれた時も、自分が話をする前に家族が話をしてしまった。読書と言っていたけれど、文字を読むのが大変になってきたので最近は読んでいないのにと思った。

歳で耳が遠くなったので人と話をするのが大変になってきたが、自分は話をすることが好きなので話はしたいと思っている。それなのに、話ができなくなって家に閉じこもっていると先生に家族が言っていた。

自分は薬を飲みたくないのに、家族が増やして欲しいと先生に言っているのを聞いたことがある。そして自分は困っていないのに、家族が困っていると先生に言っているのを聞くとつらい。

「自分のことをわかっていないと感じる」

支援者から漁師をしていたから魚を扱うのが好きだと思われ、地域のイベントで手伝わされたが、じつは仕事中に親方から叩かれた思い出しかないので魚には関わりたくないと思っていた。

習字をするとみんなは褒めるけど昔はもっと上手に書けていて、自分では納得していないのにすごいねと褒められることに抵抗がある。

「認知症でなければ信頼してくれる」

一人で電車に乗って出かけるのが趣味だったのに危ないからダメと言われて一人で出かけることができなくなった。友達が誘ってくれたので家族に相談したら、友達に迷惑をかけるからやめたほうがいいとも言われた。診断前は「気をつけて行ってらっしゃい」と自由に送り出してくれたのに、認知症と診断された途端、友達と行くのもダメとなってしまうのはなぜだろう。

同じように物忘れがある友達でも病名がつかないと、車の運転もしているし一人で出かけているのに、自分は認知症と診断されたことでダメと言われるようになってしまった。

妻と言い争いになっても負けるので言わないほうがいい、勝てるわけがないから。認知症と診断されたら立場が逆になってしまった。

「何もできないという先入観を持たれている」

若い頃自転車に乗ってどこまでも走っていた。免許証を返納したので久しぶりに自転車に乗ろうとしたら、「危ない、できないから」と言われ、乗ってみてもないのに止められ、挑戦することもできなかった。

認知症と診断されたら、すぐに会社を辞めてデイサービスへ行ったらと勧められた。

いままで仕事で使ってきたパソコンを扱うだけで褒められたり、「パソコンができるのだから認知症ではない」と言われたりする。もともとやってきたことなので、できるのは当たり前なのに認知症の人はパソコンなどできないと思われていると感じた。

「認知症だからと自分に言い聞かせることで楽になれる」

普通の人がする物忘れでも認知症だからしようがないと思うことで気楽になった。失敗するのが当たり前と思うようになると工夫をしたり、気をつけるようになったので周りの人よりも失敗が少ないように感じる。

忘れた時に、病気だからしようがない、ここで終わりと思わなくてもよいと自分に言い聞かせることにしている。忘れたことを思い出すのではなく、これから何をしようと前向きに考えるようになった。

あなたはこの当事者の言葉を読んでどのように感じましたか。

こんな人たちばかりではないと思われるかもしれませんが、このように感じている当事者もたくさんいることもわかってもらいたいのです。

これらの言葉を見てあなたは「認知症になったからしようがない」とすませることができますか。

あなたが認知症と診断された時にこのような思いをしないような社会が当事者から見て「普通の社会」だと思います。

第二章

認知症の人の目の前にある「現実」

精神科病院へ入院した仲間

私が一緒に活動してきた仲間の当事者の中には、本人の意思とは関係なく精神科病院に入れられて数ヵ月で亡くなられた人がいます。

私は、実際に入院させられた当事者たちに会いに精神科病院にも行ってみました。

みんな口をそろえて言うのは「早く家に帰りたい」ということです。一方、すべてをあきらめてしまったかのように無表情になっていた当事者も多くいました。

なぜ入院する必要があったのか？　支援者に話を聞くと、「家族が鬱になってしまい大変なので一時的に入院することになった」と言います。

しかし、家族が鬱になったら、なぜ、鬱になった人が病院に入らないのでしょうか？　当たり前のように認知症の当事者のほうが入院させられてしまうのが疑問です。一度そのことについて支援者に訊いてみたら「認知症の当事者は一人で家にいることができないのだから、当事者が病院に入院するのは仕方がない」と当然のように言われました。

精神科病院に入院しなければならないのは、本当に認知症の当事者なのでしょうか？　当事者が「入院しなければならない」となった時に、「なぜ入院するのか、何日間の入院が必要でどのような治療をするのか」などの説明は当事者にしていますか？

　多分、家族にだけ説明していて、当事者には精神科病院に入院するという説明もしていないのではないかと思います。それは、私が仲間に会った時に、その人は家族に連れてこられ、いつの間にかここに入院していたと言っていたからです。

　もし、あなたが、何か病気になり、入院した時に「何の病気で、いつまで、どのような治療が必要で、何をするのか、なぜ入院するのか」といった説明がなかったら不安で怖くないでしょうか？　そして、説明がなく、入院することに同意をしていなかったら、怒ったり、混乱してしまうのではないでしょうか？　説明もされずに、入院させられ、入院中に怒ったり、混乱したりすると、問題行動とされ、隔離病棟や身体拘束となってしまうのは、おかしいと思いませんか？

　これは、精神科病院だけではなく、風邪をひいて点滴をするような時でも同じです。当事者には説明がないことが多くあります。説明がなく、いきなり点滴をされたら勝手に針を抜いてしまったりすることもあると思うのです。実際に、風邪で入院した当事者が「認知症」というだけで、身体拘束をされたこともありました。

　友達の当事者は、入院中に男子部屋と女子部屋を間違えたことがきっかけで薬の量を増やされて、会いに行った時には動けなくなって、寝たきりになっていました。その時にはすでに、言葉が出なくなっていましたが、私が来たことをわかって喜んでくれました。しかし、その一週間後に亡くなられたのです。

なぜ、病院で隔離されたり、身体拘束されたりするのでしょうか？

どうして、当事者に説明がないのでしょうか？

認知症の歴史を知ると、現在の状況は過去に比べれば良い方向へ変化しています。さらに良いものにするためにも、忘れるのなら忘れないように工夫をして当事者に説明をして、納得してもらうことが必要ではないでしょうか。実際に工夫次第で、症状はあるがいままで通りの生活をしている当事者もいるのです。

現在、身体拘束を行わない医療を目指して頑張っている人たちも増えてきています。もっとそのような動きが広がっていくことを願っています。

診断後からの支援について

私は三九歳で若年性アルツハイマー型認知症と診断された時、国からの支援が何かないかと思い、区役所へ行ってみましたが「四〇歳未満の場合、介護保険が使えないので何もありません」と言われました。

その後、地域包括支援センター等に相談しても、言われることは介護保険の話だけでした。冊子を渡され「このような支援が受けられる」と説明されても、私の場合、まだまだ元気だし、自分に必要なものではないと感じ、反対に気持ちが落ち込んでしまいました。

その時に感じた気持ちは「認知症＝終わり」でした。「これから人に迷惑をかけてしまう生活をしなければならない。人生が終わった」と思ったのです。認知症は「治らない病気」と言われ、「大変な病気になってしまった」と感じ、未来が真っ暗なものになってしまいました。

診断された後、最も知りたかった情報は、診断前のいままでの生活をどのようにしたら維持できるかということでした。しかし、与えられる情報は重度になってからのものばかりで、介護保険ばかりを勧められることで、かえってこれからの生活への不安が増してきたのです。それまでは介護保険がどのようなものかも、まったく知らなかったので、介護という言葉だけで「介護が常に必要な人になってしまう、すぐに寝たきりになってしまう」と考えてしまったからです。

その頃、インターネットで若年性認知症について調べてみると、「若年性認知症は進行が早く何もわからなくなり、寝たきりになってしまう」などの悪い情報ばかりが書いてありました。病院でも診断名を告げられて薬を出されるだけで、これからどのようにしたらよいのかなどの話は一切なかったと思います。

「これからどうなるのだろう」。自分のことよりも家族のことがいちばん心配でした。毎晩、泣いてばかりいました。泣きたくて泣いていたわけではなく、一人になると自然と涙が出てくるのです。それだけ不安と恐怖に押しつぶされそうになっていました。「妻に心配や迷惑をかけてしまうかも、子供たちをこれから先、学校に行かせることができるのだろうか、親としての責任が果たせるのか」などと考えていました。

不安でいっぱいだった当時、どこに相談しても介護保険の話でした。メディアでは「初期でも暴れる」や「徘徊する」というような情報ばかりで、認知症は診断直後から介護の対象としか見られていないと感じました。「会社を辞めてデイサービスに行ったら」と勧められたこともありました。周りの人たちには「もう働けない、こんな若いのにかわいそう、寝たきりになる」としか思われていませんでした。

私は幸い会社の理解と配慮があり、部署は変わりましたが仕事を続けることができました。また、私よりも前に不安を乗り越えた、笑顔で元気な認知症当事者との出会いがあり、この人のように生きたいと思うことで前向きに過ごすことができたのです。

そして、自分でも認知症カフェや「認知症の人と家族の会」の「つどい」などに参加するようになりました。

「つどい」に参加した時、「一〇分間自分の気持ちをみんなの前で話してみない？」と言われ、話をしたことがきっかけでその後、講演を依頼されるようになりました。日本全国の講演で、多くの当事者や支援者と出会い、話をするようになりました。

そうした経験から、認知症の当事者を取り巻く環境が「おかしいのでは？」と考えるようになりました。

この本では、私だけではなく、私が出会ってきた当事者たちが「おかしいのでは？」と感じていることを書いています。それは、すべての当事者の考えではなく一部の当事者の意見かもしれません。

それでも、私たち当事者に関わる家族や支援者のみなさんに、当事者たちの「想い」を知ってもらい理解してもらえたらうれしいと思っています。

当事者不在の認知症カフェ

認知症カフェという場所があります。認知症カフェは、ヨーロッパで始まったスタイルを取り入れて、認知症の人と家族を支援することを目的に、二〇一二年から国の認知症施策の一つとして普及が始まった場所です。

認知症の人や家族、地域の人たちが気軽に集い、悩みを共有し合いながら、専門職に相談もできる場所になっています。認知症カフェはカフェという自由な雰囲気の中で、支える人と支えられる人という隔たりをなくして、地域の人たちが自然と集まれる場所だと言われています。

しかし実際には、必ずしもそうした場所にはなっていません。

日本では、認知症カフェができる以前から「認知症家族の集まり」が行われてきました。でもそこは、家族が介護の大変さを話して共有する場所だったと思います。たしかに家族にとっては介護のつらさや困りごとを話すことで気持ちが楽になったり、介護の仕方など情報を教えてもらったりすることで救いの場になっていました。家族のつらさを分かち合える場が必要だったのだと思います。

日本では、そのような家族が集う場も「認知症カフェ」としてしまいました。そのため、一部のカフェでは家族の困りごとの相談が中心になってしまっています。

このような、家族の相談が主体の認知症カフェに、当事者が一緒に参加しても、そこは家族がつらさを分かち合う場であり、家族中心で話が進められるから、当事者の居場所はありません。

なぜ、このようなことを例にしたかというと、認知症カフェの話をしても「当事者が来ない」と言っている主催者が多いからです。

「認知症カフェに当事者が行かない理由」、それはカフェに行っても面白くないからです。

当事者が「参加」したくない理由

なぜ、参加しても面白くないのか？　それは、その「場」が家族の困りごとを解決しようとする「場」だからです。当事者の困りごとを解決してくれる人が、その「場」にいないのです。

家族は、隣に当事者がいるのに「この人がいると目が離せないので私の時間が全然なくなりました」など、自分の気持ちだけを吐き出すことがあります。

そのような時、当事者は嫌な気持ちにしかなりません。また、当事者が話をする前に「何年前に認知症と診断され、現在は何歳です」など自己紹介まで家族がしてしまい、当事者が話をすると「それ違うでしょ」と否定されることがあります。

そんな「場」へ当事者が行きたいと思うはずがありません。ある当事者は施設の名前を間違えただけで「違う」と言われて、その場から早く帰りたいと思ったそうです。当事者に限らず、誰でも言ったことを否定されるのは嫌なものです。何か発言するとすぐに「違うでしょ」と言われると気持ちが落ち込んでしまうのではないでしょうか。

その人は「嫌なことを言われているから『帰りたい』と言うと、さらに『あなたのためにみんな来ているのに』と嫌な言葉を返されたが、その時は何も言えずに気持ちを飲み込んだ」と言っていました。その「場」にいるだけで常に家族から「この人はすぐに忘れる、何もできなくなった」などと否定的な言葉を言われ続けたら、一緒に出かけるのも嫌になってしまうのではないでしょうか。

家族は「悪いことは言っていない、本当のことを言っているのだから」と思っているはずです。でも当事者のことを思って話をしていることが、当事者を傷つけている場合もあります。そして、家族でもそのことに思いがいたらない人が多いのです。

私が出会ってきた当事者たちの言葉でいちばん多かったのは「家族がいちいちうるさい、すべてを奪われた」でした。そのような場には、支援者もいることが多いのですが、「家族がうるさい、奪われた」という当事者の困りごとに支援者は「家族は心配なのです」「あなたのことを思って言っているのです」というような言葉を返します。そうなると、当事者は、家族に世間体を気にしての「普通でいて欲しい」という気持ちを押し付けられていると感じ、つらいだけの経験になってしまいます。

支援者の人たちにお願いがあります。当事者と家族が一緒に来ていて、話を聞く時には、家族と当事者を分けて、離れた場所でそれぞれの話を聞くことをお勧めします。分けることで当事者も安心して話をしてくれます。聞き方も世間話から入るなど、安心して話ができる状況を工夫してください。

また、支援者自身も自分自身のことも話して欲しいのです。

病気や家族関係に関する一方的な質問、例えば「いつ診断されたの？」とか「何か困っていることはありますか？」等の質問をずっとされると「尋問」のように感じてしまい、話をしたくなくなります。

当事者も「尋問」ではなく「会話」をしたいのです。会話をすることで落ち込んでいた気持ちが回復して家族のもとに戻ると、家族も当事者の雰囲気が良いと感じてお互いの関係性が良くなったと言う人もいます。

当事者抜きの支援

私は診断直後からどこに相談しても、介護保険を勧められました。介護保険を勧める人は、「これからどのようにしたいか」など私の話を聞くこともなく、介護保険サービスの利用を勧めるのが当たり前のように話していました。そこでは、当事者の意見や意思が尊重されていませんでした。

私は自分で動いていたので自分でこれからどうするかを決めることができましたが、大半の当事者は自分の知らない間に物事を決められてしまいます。そして、家族からも行きたくないデイサービスの利用等を勧められるのです。そこで「認知症になって申し訳ない」という気持ちから我慢して、自分に合わなくて使いたくない介護サービスを使うと、さらに気持ちが落ち込み、どんどん症状が進行して「認知症が進行した」となってしまうのです。

介護保険の必要ない人にサービスの利用を勧めることは、介護保険の無駄遣いではないでしょうか。必要な人には丁寧にサービスを使ってもらい、使わなくてよい人は地域の居場所につながることが必要です。

少しでも介護保険のサービスを使えるようにと、ダメな当事者を演じさせられたと言っている人もいました。

当事者と話をしない支援者

介護保険を申請し、介護保険サービスを利用するためにはケアマネジャーが必要になります。ケアマネジャーは、利用者側が選ぶことができるようですが、実際はよくわからないので紹介をしてもらうことがほとんどです。ケアマネジャーは、サービス利用のためのケアプランを作成します。ここで問題があります。プランを作成する時に家族の意見だけ聞いて作成していませんか？

介護保険を申請した一〇人の当事者と集まり話をした時があります。その時、みんなが話していたことは、「家にケアマネジャーは来ているようだが話をしたことがない」ということでした。

家族や支援者は、「話したことを忘れている」と思うかもしれません。しかし、私たち当事者は話をした内容は忘れることが多いのですが、自分の暮らしについて、話をして自分で決めたこと自体を忘れることは少ないのです。

支援者はもしかすると、「○○さん、こんにちは。調子はどうですか」と訊いただけで、当事者と話をしたと思っているのではないでしょうか。

デイサービスの利用等、何か重要な物事を決める時に、当事者抜きで決めてしまうので「話をしていない」と感じるのは当然だと思います。ケアプランを作成する時に家族からの話だけを聞き、当事者抜きで決めていませんか。

私は車の営業をしていたのでお客様の車の購入プランを作っていましたが、お客様のことを第一に考え、お客様と一緒に作り上げて、お客様が納得するから車を購入してもらえていたのです。お客様の意見を聞かずに作った購入プランは自己満足であり、お客様のニーズと違うので購入にはいたらないというようなケースも多くありました。お客様には、体裁のいい言い訳を言われ、逃げられてしまいます。

車の営業で例をあげると、小さな子供を車に乗せる機会が多いご家族の場合は、カーナビゲーションでDVDが見られるようなものをお勧めします。それは、子供がDVDを見ていることで静かに車に乗っていてくれるので、安心して運転に集中することができるからです。また、車庫入れが苦手な方には、車の両脇にセンサーやバックカメラをつけるのをお勧めすることで安心して快適に乗ってもらえるようになるのです。私はお客様が喜ぶ姿を想像して一人ひとりに合う、プランを作成してきました。お客様の話を聞いて一緒に作り上げ、さらにお客様のことを考えて提案するのが本来の営業の姿です。

しかし、認知症の場合で考えると、ケアマネジャーが家族の意見だけを聞いて良かれと思って作り上げたケアプランにより、介護保険サービスに当事者が当てはめられてしまうことが多いように思います。そして、当事者を無視して作られたケアプランに書かれているデイサービスへ行くのを「嫌だ」と言うと「拒否」と言われます。

家族は、当事者が嫌だと思っても、ケアマネジャーの勧めるプランを望んでいるため、当事者を説得するようになります。そして、自分たちで説得できない時は、医者にまで「デイサービスに行くように説得してください」とお願いします。みんなが当事者への説得に入るのです。

当事者の想いと違うケアプランを作成され、当事者が嫌な思いをしていることに気づいた家族は「ケアマネジャーを変更したほうがよい」と考えることもありますが、一方で「ケアマネジャーに助けてもらえなくなると困るから」と思い、ケアマネジャーを変更することを躊躇するケースも多くあります。

なぜ家族の意見だけを聞き、当事者が望まないサービスの利用をケアマネジャーは勧めてくるのでしょうか。

もちろん実際には、ケアマネジャーが勧めたデイサービスに、「始めは嫌でも行ってみたら楽しかった」という当事者も中にはいます。でも多くはありません。一部の当事者が喜んでくれたからよかったと思い込んで、家族とだけ話をして勝手に決めてしまうことは、当事者は望んでいません。

プランの対象者ときちんと話をして、納得してもらい作成するのは車の営業でも、認知症の介護保険サービスの利用でも同じだと思います。車の営業ではありえないことが福祉の業界では当たり前になっていると感じています。

「悪口」は本人のいないところで

当事者から、「私が話をする前に家族が名前から趣味からすべてを代わって話してしまう、どうしたらいい?」と相談されることがよくあります。

当事者は頭の中で考えて言葉にするのにワンテンポ・ツーテンポ遅れるだけで話せない

わけではありません。認知症になると、いままでよりも頭の中で考えて言葉にするのに時間がかかるようになります。それなのに、毎回毎回、自分が話をする前に家族に先に話をされたら話をするのが嫌になってきます。

そして、黙ることが多くなると、「この人は話ができなくなりました」「何もできなくなりました」と言われます。何もできないってどういうことか私にはわかりません。普通に歩いているし、飲み物も自分で飲んでいるし、いろいろなことが自分でできています。

認知症の症状でできないこともあるかもしれませんが、それは生活の中の一部であり、何もできないと言われ、すべてができなくなったと言われるのはおかしいと思います。

また、「最近怒るようにもなった」と言われることがありますが、そもそもすぐ隣でそんなことを言われたらイライラすると思います。怒るようになったわけではなく、周りの人たちが気づかないうちに怒らせているのです。認知症になると何を言われても良いのでしょうか。当事者が傷つくことを言われていることに周りの人たちは気づいていないのです。

認知症に関する冊子などを見ていると、家族の困りごとが書いてあります。そこで「トイレを失敗するようになった」「目が離せなくなった」など当事者が見たり、聞いたりしたら落ち込むようなことがたくさん書いてあります。

なぜ、その冊子を当事者も見るという視点がないのだろうと思っています。事実なら何を言っても、書いてもいいのですか？　当事者が、「最近うちの妻が、ぶくぶく太って」と言ったり、書いたりしたら怒ると思います。それなのに「なぜ家族は当事者を目の前にして言ってしまうのか」わからないのです。

何を言ってもどうせすぐに忘れるからいいやと思っているのでしょうか。これは「悪口」ではないでしょうか。悪口を言われたらイライラするし落ち込むし、怒ってしまうかもしれない。怒らせるようなことをしておいて、最近怒りやすくなったと認知症の症状にするのはとてもおかしいと思うのです。

当事者が嫌がることを言われていることについて、「悪口」と言うと、支援者や家族に私自身が怒られることもあります。しかし、これらのことは当事者にとっては悪口でしかないのです。周囲の人がなにげなく使っている言葉で、当事者が傷ついているのです。

家族にしたら、悪気があるわけではなく、周囲の人に「当事者のことが心配で気持ちが落ち込んでいる」「自分の時間がなくなって大変」というつらさをわかって欲しくて言ってしまうのでしょう。事実だから言っても悪くないと思っているのでしょう。

これに対し当事者は、あきらめて我慢し反論しません。そして、当事者が何も言わないので、傷ついていることに気づかずに、家族が大変なことを認めてもらいたい気持ちから、どんどん「悪口」がエスカレートしてしまうのです。

こうした背景には、家族も追い詰められていることがあります。悪循環を止めるために家族が当事者の悪口を言わなくてもすむような環境が大切です。

家族は、当事者の「できること」探しをし、「できること」を見つけ、応援してみてください。他の家族には、当事者が「できないこと」や「失敗すること」を伝えるのではなく、できる工夫を教えてあげてください。褒められると当事者もさらに頑張ろうとなり、良い方向へ進んでいきます。

「家族の失敗とか自分は言わないようにしているけど、家族から言われて我慢をしている」「とても気持ちが落ち込み迷惑をかけていると思うと眠れなくなる」と言っている当事者も多くいます。

「悪口は本人のいないところで」。これが良い家族関係を保つための秘訣だと思います。これは、すべての人間関係の基本ですよね。

当事者の想いを聞くだけで変わります

最近では、認知症の支援は介護保険だけではないと理解をしている支援者も増えています。それでも、これまでのような、介護保険中心の支援の在り方が根強くあり、地域との関わりが途切れてしまう当事者が多くいます。

いまだに、認知症の情報は「介護」と「予防」で大半を占めています。

認知症は診断直後から「介護」が必要なものではありません。「予防」は当事者が無理やりやらされることで気持ちが落ち込んでいるケースが多くあります。しかもいまのところ効果が実証された「予防」はありません。

間違った情報で、認知症の人が何もできないと決めつけずに、目の前の当事者の話を聞くだけでよいのです。

ここ数年で、当事者が書いた本も増えてきました。それぞれの当事者の本にはどのように生きていくかのヒントが書いてあります。まずは当事者と楽しく暮らすヒントを探してみてください。最近ではＳＮＳで、当事者の笑顔や活動も見られるようになりました。診断から数年経っても笑顔で元気に活動している当事者もたくさんいます。「認知症＝すぐに介護保険」ではなく、環境次第で生活がより良くなることを知ってもらいたいのです。

最大のバリアは人

「認知症になると何もわからなくなる」と言われます。つい最近も「認知症の人は何もわからないので幸せですよね、大変なのは家族ですよね」と介護関係の専門職に直接言われました。

いまだに専門職の人ですら、このような認識を持っている人がいるのです。このようなことを言われたら当事者は嫌な思いをします。

なぜ、当事者が嫌な気持ちになると考えないのでしょうか。認知症の症状はあっても、その人自身は何も変わらないのに、専門職が偏見を持っていると感じています。

「認知症バリアフリー」という言葉が使われることがあります。車椅子に乗っている人のバリアに段差があるように、「認知症のバリア」は何かと考えた時、認知症の最大のバリアは「人」だと感じました。支援者や家族を含めた「人」が障害（バリア）となるのです。

当事者はどこにも一人で自由に行くことができません。実際は一人で行ける人も多いのです。でもなぜか家族と一緒でないとダメとなってしまうのです。相談に一人で行ったとしても、「家族の話も聞きたいので連れて来て」と言われてしまいます。

当事者も一人で出かけて自由に過ごせる時間や場所が欲しいのに、「誰かと一緒じゃないと何かあった時に責任がとれない」と言われ、常に誰かと一緒に行動して欲しいと言われてしまいます。家族にしても、自分の時間が必要なので、いつも一緒にはいられません。そして、「一人にしておくことが心配。自分の時間が欲しい」ので、認知症の人が家族と離れても安心して過ごせる介護施設へお願いしてしまうのです。

家族は当事者に対して「目が離せなくなった」と言います。それは周りに迷惑をかけてはいけないという想いからくる心配です。当事者の行動を把握できていない自分への不安を解消するために、目が離せないのです。そして、自分が安心するために「助けてあげなければ」「支援につなげてあげなければ」となります。それは、家族だけではなく、支援者も同じで、すべては、「やさしさ」からの行動なのですが、その「やさしさ」が当事者を傷つけています。

支援者の存在や、当事者や家族が参加できる場の存在は大切だと思います。しかし、支援者は「当事者がどのような想いをしているのか」を中心に考えて欲しいと思います。関わる人たちの「認知症だからできない」「認知症だから助けてあげないといけない」「認知症だから家族が大変」などの気持ちが変わらなければ、当事者が安心して過ごせる場所にはなりません。

人は一人では生きていけません、だからこそ人の存在は大切でバリアになってはいけないのです。バリアではなく、一緒に楽しむ仲間になり、私たち当事者と一緒に楽しんで欲しいのです。

秘密がなくなるつらさ

デイサービスや施設を利用すると、家族と支援者が連絡ノートなどで「今日は笑顔で過ごしていました」「ご飯を残していました」などと伝えます。なぜ、日常の些細なことまで連絡されないといけないのでしょうか。

仕事をしていて、毎日の出来事や失敗したことを会社の上司や部下がメールで家族に送るようなことはありません。例えば、仕事で失敗して気持ちが落ち込みご飯を食べる気がせずに半分残したことを伝えられたら嫌だと思います。

そして施設では常に穏やかでニコニコしていることを求められています。誰だってイライラする時もあるし、気持ちが落ち込む日もあると思います。笑顔でいられなかった日は家族に伝えられ、心配されます。

さらに便秘や下痢気味だと排泄物の状態まで共有されてしまいます。私はいま、便秘でも下痢でも本当に具合が悪い時以外は恥ずかしいので内緒にしておきます。しかし、認知症の当事者はすべてを把握されています。当事者の秘密（プライバシー）など一切ないと感じます。誰だって人には知られたくないことや恥ずかしくて言えないことの一つや二つはあるでしょう。誰かと一緒でないと出かけられないし、常に監視の対象になっている。家族と離れても支援者の監視があったら自分の自由な時間や気持ちが休まる時間はありません。

先日会った当事者は、一人暮らしが心配で周りの人から施設を勧められていたので、一週間施設にお試しで入所しました。「施設に泊まってみてどうでしたか？」と尋ねると、「自由がなく常に監視されて嫌だった」と、みんながいる前で言いました。「朝、自由に散歩したいし、コンビニエンスストアにも行きたい、でもそれができなくなってしまう。やはり一人暮らしを続けたい」と言うのです。

施設ではリスク管理や責任などもあり、すべてが当事者の思うようにできないことはわかります。しかし、当事者がこのように感じて過ごしていることをわかったうえでの折り合いをつけることができたらもっと安心して過ごせます。

「施設のほうが安心」と言う当事者もいるし、「いまのまま自宅で暮らしたい」と言う当事者もいます。いろいろな考えの当事者がいますので、話を聞いて当事者に決めてもらうのがいちばんではないでしょうか。

「認知症らしくない」と言われても

私はいままで何度も「認知症ではない」「認知症らしくない」と言われてきました。時には強い口調で「携帯電話が使えるのだから認知症ではない、俺でさえ使えないのに」と言われたり、「何を根拠に認知症と言っているのだ」と言われたり、「話が普通の人よりもうまいのはおかしい」とも言われました。認知症の人を何だと思っているのでしょうか？

本気で怒鳴られても、実際にできることなのでどのように返答したらよいのかわかりません。携帯電話は二〇代からずっと使い続けています。もう人生の半分以上の年月で携帯電話を使ってきたのです。認知症になっても多くの人たちから連絡がきて、返信することを続けています。

よく認知症の人は携帯電話を使えなくなると言われますが、認知症と診断されたことで社会と遮断されてしまえば誰からも電話もメールもこないため、充電もしなくなってしまうので使えなくなるのは当然です。私が使い続けていられるのは、多くの人とのつながりが途切れていないおかげだと思っています。

「何をもって認知症と言っているのか」と言われます。私は二ヵ所の病院で合計一ヵ月半検査入院をしてアルツハイマー病と確定され、診断書にアルツハイマー型認知症と書いてあるから「認知症」と言っているのです。「話がうまい」のは、もともと営業マンで人と接する仕事をしてきたからです。講演も三〇〇回以上すれば誰だってうまくなると思うのです。

それなのに、嘘つきのような言い方で怒られるのは意味がわかりません。認知症になりたくてなったわけでもないし、嘘を言って活動するメリットは何もないのです。

認知症と診断されて奪われてきたことを考えたら、認知症にはなりたくなかったのが本音です。

しかし、実際に症状があり病院に行った結果、医師に診断名を告げられたのです。誤診だというのなら私に言わないで、私を診断した先生に言うべきではないでしょうか。認知症と診断されても工夫をして、人とのつながりを持つことで、笑顔で過ごせることを知ってもらいたいから講演やピアサポートをしているのです。

「うちの当事者は進行が早かった」と言われても、人それぞれ違います。診断直後からその人がどんな環境で何をしてきたのかもわからない。その人と私を比べて「おかしい」と言うことが社会の大きな偏見だと感じています。

私も認知症らしくないと言われ続け、「人前で携帯電話を使うのをやめよう」「認知症らしくしたほうがいいのでは」と考えたこともありました。

「注文をまちがえる○○店」で働く当事者のおばあちゃんが、「ここに来る人たちは私が間違えるのを期待しているのだから、間違えてあげたほうがよいのでは」と周りの人に話していました。その気持ちがよくわかります。周囲の期待に応えて認知症の人らしく振舞おうとするのです。

当事者を認知症らしくさせているのは誰でしょうか？　「認知症らしくしよう」と私も考えたことがありましたが、それでは私を見た当事者が前向きになるはずがない、私がしたいのは目の前の不安を持った当事者が笑顔になること。それに気づいた時、認知症らしくない当事者でいようと思ったのです。さらに認知症らしくないように携帯電話の機能を使いこなそうと挑戦するようになりました。

周りの人たちが気づかないうちに使っている言葉で、認知症らしい当事者を作り上げているのです。そして、その認知症のイメージが認知症の人を「認知症という病気」にしてしまうのです。

病名ではなく目の前の人を見てください

認知症の人を「褒める」人たちが多くいます。すごいことをしたのなら褒めてもいいのですが、いままでやってきたことを褒めるのはどうなのだろうかと思います。私も携帯電話を使っているだけで「すごいね、すごいね」と言われますが、世の中の四〇代の人たちはほとんど携帯電話を使っているのに私だけが褒められるのです。自動販売機でジュースを買っただけで褒められたこともありました。

私は幼稚園児と同じ扱いですか？　なぜ褒められるのか？　私が認知症だからなのです。

仲間たちを見ていても、何をしても子供のように褒められているのです。いままでやってきたことがないことを新たに挑戦してできたらすごいと思います。でもいままで当たり前にしてきたことでも「すごいね、すごいね」と言うのは当事者の自尊心を傷つけています。

もともと書道の先生をしていた当事者がいました。その人が書道がうまいのは当たり前のことです。その人は「私はうまく書けなくなってきたのが自分自身でわかる、だから周りから褒められてもうれしくない。反対にもっと練習をしてうまく書きたい気持ちがある」と言っていました。

認知症の人のことを初期でもすべて重度の人と同じように考えてしまう人たちが多くいます。

例えば、近視で眼鏡をかけている人も〇・七、〇・一、〇・〇一など、人それぞれ視力が違います。そしてみんな違う度数の眼鏡をかけています。遠視の人や乱視の人もいます。

それなのにみんな同じように、〇・〇一の人の度の強い眼鏡をかけさせたらどうなると思いますか？　合わない人は動けなくなってしまうし、どんどん症状も進行してしまうでしょう。

認知症も同じです。人それぞれ症状も違うし、当事者の考えや環境も違います。

しかし、認知症と診断名がつくと何もできない人、重度ではないのに介護の必要な人と、ひとまとめにされてしまいます。

認知症当事者の年齢もみんな違います。しかし、「うちの施設にいる認知症のおじいちゃんやおばあちゃんと丹野君は全然違う」と言われてしまうのです。

そもそも認知症を抜きにしても四〇代と七〇〜八〇代は全然違うので比べられないと思います。しかし、「認知症」というだけで同じに考えられ、比べられてしまうのです。認知症であるかどうかにかかわらず、高齢になれば耳が聞こえにくくなり、目が見えにくくなり、そのことで情報量も少なくなります。また身体も動きにくくなってきます。だから生活に支障が多く出るのです。

認知症という病名だけでひとまとめにする人たちが多いような気がします。病名から人を見るのではなく目の前の人をきちんと見て欲しいと思います。

第三章　「やさしさ」という勘違い

当事者がイライラしている理由

支援者は当事者に、心配そうに「何に困っていますか？」等、深刻な表情で、困りごとを訊きます。助けてくれるのかと話をすると、ただ聞くだけです。「大変ですね」「つらいですね」と言われても何も解決しません。「私も同じですよ」「歳をとるとよくあることですよ」と慰められてもイライラするだけなのです。

このような時、当事者が自分のことを「何もできなくなった、忘れやすくなってバカになった」と言うことがあります。それは、自分の中で物忘れが増えてきたことを、自覚しているからです。だから「バカになった」と言うのです。そして、そのことに対して支援者から「大変ですね」と返されるのです。

家族から「病気を認識していない」と言われることもあります。その時に当事者は何も言い返せずにイライラしています。何もできなくなったわけでもなく、病気を認識していないわけでもありません。自分に起こっていることが、「病気からきたものなのか、老化からきたものなのか、わからない」ので混乱しているだけなのです。どのような状態が認知症の症状なのか、よくある物忘れなのか線引きができないので混乱してしまうのです。

イライラして、混乱している時に「困っていることはありませんか？」と無責任に訊かれるので、余計当事者はイライラします。そして、共感を示そうとして「私もよく忘れることがあります」と言う人が多いので、「それなら、なぜあなたは病院に行かないの？」という気持ちになり、さらにイライラしてしまいます。

特に若い当事者のほうがイライラするようです。それは明らかに周りの人たちと自分の物忘れが違うのを感じているからです。

一方、高齢の当事者は同じような年齢の人に言われると、診断されたか、されていないかの違いで似たような状況だと自分から見ても感じるし、老化もあるので、そんなにイライラはしないと言っていました。年齢によって、同じ言葉でも受け取り方が違うのです。

高齢の当事者の中には会うたびに「バカになった」と言っている人もいましたが、認知症のことを知ることで受け入れたのか、最近では「歳だししようがない」と言い方が変わってきました。きちんと自分の病気のことを知ることも必要だと感じる出来事でした。

支援者の言葉を聞いて、「まったく自分の味方でもなく、解決もしてくれない」と感じる時、当事者は「何も困ってないよ」と答えます。そうなると、お互いにその場がつらい場になります。

お互いにつらくならないためには、困りごと全般に対して、認知症の症状だろうが老化だろうが関係なく、工夫をすることを一緒に考えてくれるとうれしいです。

当事者は「このように工夫をしたら困らなくなったよ」と教えてくれるだけで良いのです。何をどのように工夫したら困らないか、当事者と一緒に考えてくれたら、その人を自分の味方だと感じることができます。

「私は大丈夫」と伝えたい

家族は認知症になった当事者のことを、誰よりも心配しています。当事者はその心配が愛情に基づく言葉や行動であると理解をしていて感謝をしています。しかし、問題はその先にあります。

家族は「心配だからあれもダメ、これもダメ」というようなことを言います。しかし、当事者はその「心配」という言葉で何も言えなくなってしまうのです。心配という言葉で、当事者の自由を奪われるようなことも、すべてが正当化されてしまいます。

家族は、自分がされたら絶対に嫌なことでも「心配だから」と言い、当事者は当たり前にあきらめさせられています。「心配」という気持ちは、善意から生まれます。しかし、その善意によって必要以上に干渉されるのは当事者にとっては嫌であり、当事者の可能性や力を奪っています。

心配をしているのは家族だけではありません。当事者も家族のことを心配しています。いままで自分でしてきたことを、家族にしてもらって負担にならないか心配なのです。当事者も家族には幸せでいて欲しいと願っています。だからこそ「心配しないで」と思ってしまうのです。

当事者は家族に心配そうにいつも見られていることがわかるし、すごく感じていて、その行為が実は自信をなくしてしまう原因になっているのです。もう少し自分のことを信用してくれたらうれしい、「私は大丈夫」だと本当は家族に伝えたいのです。

「困る自由」が奪われる

当事者が日常生活で困りごとを尋ねられた時に「何も困っていません」と答えるのは、周囲から病識のなさや、取り繕いと考えられてきました。しかし、そうではありません。当事者は症状の自覚はしているが、「失敗したことを指摘されたくない」「認知症のレッテルを貼られたくない」と思っているから「困っていない」と言うのです。

さらに言うと、「本当は困っていることはあるけど言えない」というのが本音です。話をしたら、家族との関係が壊れてしまうと思うからです。「困っている」と言った途端に「一人で出かけないで」「財布を持たないで」と行動を監視され、制限される言葉を言われたことがあるので、「困っていない」と言わざるを得ないのです。

そして、「困るから」と家族が先回りをして何でもやってあげるようになれば、当事者は本当に困らなくなります。「困る自由」が奪われてしまうと言っていいでしょう。

自分で行動するから失敗もするのですが、失敗して困らないように何でも先回りをして「してあげる」と、自分で工夫することも考えつかなくなります。そして、最後には一人では何もできなくなってしまい、結果、家族に負担をかける当事者になってしまうのです。

当事者が工夫をするということは生きていることです。症状が増えてきても、より良く生きることは「自分で決める」ことだと思います。周りの人たちが情報を与えてくれるのはうれしいですが、大切なのは自分で決めることです。

そして、与えられた情報を採用しないという選択肢があって、当事者も自分で選べたらうれしいと思います。

「やさしさ」が自由を奪う

診断された途端に周囲の人から向けられる「やさしさ」（善意）が、当事者の自由を奪います。また、周りの人たちが「やさしさ」を履き違えているのではないかと感じることもあります。

例えば、家族から「うちの夫は電気をつけっぱなし、水道の水を出しっぱなしにして困っています。どう注意したらよいのですか？」というような相談がよくあります。

電気がついていたら消してあげればよいし、水が出ていたら止めてあげればいいと思います。認知症でなくても電気の消し忘れや蛇口の閉め忘れをすることはあると思います。消したり止めたりしてあげるのが「やさしさ」であり、それを問題行動として失敗を毎日のように指摘するのは、「やさしい」ということではないと思います。

忘れたくて忘れているわけではないのです。消費電力が四〇ワットの照明を一時間つけっぱなしにしても一円ほどにしかならないのです。どうしても気になるなら人感センサー付きLED電球にするなど、工夫すればよいと思います。それが本当のやさしさではないでしょうか。足を骨折した人に「早く走れ」とは言わないのに、記憶がしづらい症状の人に「忘れないで」と言うのはなぜでしょうか。

家族は、注意して気づいてもらうことが「やさしさ」だと思っているので、毎日指摘をします。それは、電気を消し忘れないことが脳トレと同じように頭を鍛えると思っているからです。

しかし、それは残念ながら意味がないことは、医学的見地から明らかになっています。

当事者は、イライラはするけれど言い返せません。言い返せない理由の一つには、良かれと思って言ってくれていると思うからです。言い返すと相手は黙ってしまい落ち込んでしまうし、何も言えなくなってしまうのです。また、「自分のことを思ってやってくれているのに、それを否定したら自分を助けてくれる人がいなくなってしまう」と思うのです。だから自分の思い通りにならなくても、我慢しています。

将来のことを考えると、家族以外に自分のことを支えてくれる人が思いつかないので、すべてをあきらめてしまうのです。

この一連の過程のすべてが認知症になったことでの「本当の困りごと」なのです。

私は当事者があきらめないで、前向きになるために、当事者がやりたいことを実現できるように応援して欲しいと思っています。

当事者はやりたいことを実現しようと話をする中で、本当の困りごとを話しはじめます。

認知症と診断される前は一人で電車に乗って出かけるのが趣味だった当事者が、「旅行に行きたい」「飲みに行きたい」という希望があっても、家族から禁止されているため「一人で出かけられないから無理」と話してくれました。

「禁止されて」と言うと、「禁止なんてそんなきつい言葉は言わないよ」と思うかもしれません。そんなのは当事者の被害者意識と思うかもしれませんが、実際に多くの当事者が禁止されていると言っていたのです。「ダメ」と言われるのは当事者にとっては禁止と同じことです。

「家族の心配からくる困りごと」を一緒に解決しながら、当事者がやりたいことを実現するためにどのような工夫をしたらよいのか、当事者と話し合うことで前向きになるきっかけとなります。

「進行を遅らせたい気持ち」が絶望を招く

認知症の進行を遅らせたいと思うことは当たり前のことです。でも「やさしさ」から当事者の想いよりも家族の想いのほうが強くなってしまうことがあります。

進行を遅らせるために認知症に良いといわれることを何でも試そうとしてしまうのです。脳トレ、ドリル、体操などあらゆることをさせられます。当事者が決めるのではなくやらされるのです。そして学校の宿題のようにやらないと怒られてしまうのです。

また、認知症に良いといわれる食べ物やサプリメント、これも高い金額を出して購入し食べさせられたりします。他にも、グルテンフリーにすると認知症が治ると聞くと、「小麦が悪い」となり、パンやピザなど小麦が入った料理は食べさせてもらえなくなります。お酒などもほとんど飲ませてもらえなくなります。

これら「認知症に良いこと」はすべて医学的に証明されていることではありません。これらは、進行を遅らせたい、認知症を治したいという家族など周囲の「やさしさ」ですが、当事者が自分で決めてやることは少なく、無理やり当事者の気持ちを無視してやるのです。当事者の中には、前日何を食べたか思い出すことを午前中いっぱいかけてやらされていると言っている人もいました。頑張っても思い出せなくてつらいし、怒られるのもつらいと言っていました。

当事者が楽しい、おいしいと感じ自分で決めてやるのはよいのです。しかし、「進行を遅らせるため」という場合、当事者の気持ちは無視されます。当然、当事者からしてみれば嫌だし、つらいだけなのです。当事者が嫌だと言えば受け入れてくれる家族もいますが、言っても怒るだけで受け入れてくれない家族もいます。受け入れられないのは、当事者のことをいちばんに私が想っているのだと「勘違い」しているからです。

これらのことは「治したい」「進行を遅らせたい」という当然の気持ちから起きる状況なので、家族はやめることができません。しかし残念ながら、いまのところ、このような試みは失敗しています。そして、これらのことに失敗し笑顔を失う頃には、再び絶望を感じることになります。このような状況に陥らないように、家族に対して支援者は正しい関わりを考えて欲しいです。

現在、認知症は「医学的に証明された予防法はない」と言われています。しかし、なぜか実際に「認知症予防」の本が出回っており「予防」を謳った種々のサプリメントなどが出回っています。「予防」がビジネスになっています。

効果があるかどうかわからない予防ビジネスに惑わされることなく、当事者がやりたいこと、食べたいものを一緒に考え、当事者も家族も笑顔で過ごせる時間が増え、元気に暮らせることのほうが大切ではないでしょうか？

予防にお金をかけるのではなく、当事者が笑顔になるような「遊ぶ」「おいしいものを食べる」ことにお金を使って欲しいと私は思っています。

居心地が良い場所になっていますか?

周りの人の「やさしさ」が当事者を苦しめていたり、「心配」が当事者の行動を制限したりします。

そして、そのことでイライラしたり落ち込んだりすると、認知症の症状でかたづけられてしまいます。これらの行動は、本当に認知症の症状なのだろうか、環境からくる普通の感情ではないだろうかと考えます。

よく認知症の人は怒りやすくなると言われますが、気づかないうちに当事者を怒らせていませんか?「徘徊」とよく言われますが、出て行く理由を確認せずに徘徊と決めていませんか?

「その場所が本当に当事者にとって居心地が良い場所なのだろうか。当事者にとって居心地が悪い場所になっていないだろうか」ということを考えて欲しいのです。

自宅で嫌なことを言われたり、行動を制限されたら、その場所が自宅でも居心地の良い空間ではなくなり、出て行きたくなると思います。

その場にいたくない、帰りたいと思い行動するだけで「徘徊」と言われ無理やり連れ戻されます。そして、そのようなことがあると、監視の目が強くなり、さらに居心地の悪い場所となりイライラや怒りの感情が発生します。そのイライラや落ち込みは認知症の症状なのでしょうか？

実際に認知症の症状で、「怒りっぽくなる」「妄想がある」「意欲がなくなり元気がない」「一人でウロウロと歩き回る」「興奮する、暴言や暴力が見られる」などが起きることもあります。しかし、環境が悪いことが原因で同じようなことが起きるのではないでしょうか。

当事者の気持ちを察してあげるのではなく、当事者と話し合ってみませんか？

話をしてもわからないと思われているかもしれませんが、家族が話をしていることはきちんと聞いて考えているのです。

しかし、頭ではわかっているが、言葉としてまとまらなくて声にならない場合もあるのです。

その場所が当事者にとって楽しく安全で落ち着くところならば、みなさんにとっても居心地の良い場所になるのではないでしょうか。

「ストレス」という最大のリスク

支援者も家族も「リスクがあるから」と言います。これから起きるかもしれない危険、危機の可能性を回避するために当事者の行動を制限します。

たしかにケガをしたりすることで入院などすれば、当事者も家族も大変です。でも最大のリスクはストレスです。そもそも認知症の症状で当事者には不安からくる大きなストレスがかかります。周りの人たちにはわからない、自分自身の中で忘れてしまったことやできなくなったことへのいら立ちや情けなさ、これだけでも大きなストレスです。それだけですむならよいのですが、外部からのストレスがさらに追加されます。それは、「行動の制限、監視などからくるストレス」です。

ストレスが溜まると身体機能にも影響を及ぼします。また、集中力がなくなり倦怠感も引き起こされます。私も診断直後、大きなストレスから気持ちにも身体にも変化が出ました。診断前の自分とは明らかに違ったのです。だから毎日不安と恐怖から涙が止まらなかったのだと思います。いま振り返るからこそわかることです。実際にその大きなストレスの中にいた時には混乱と不安と恐怖から抜け出せないでいました。自分が自分でなくなっている感じでした。

そうなると、記憶力はさらに低下し、やる気も出なくなりました。そんな自分が嫌で死にたいと考えた時もあります。

さらに、そこに行動の制限、監視などが加われば、さらにひどいストレスになり、必死でその場から逃げ出したいと思うようになります。私は、徘徊の原因の一つにはこれがあると思っています。ストレスが原因で徘徊している場合、「自殺」につながることがあると思います。

徘徊して亡くなられた当事者がいました。その時の状況を聞くと、「どうしてここで？」と思われる場所で亡くなっていました。人は道に迷ってわからなくなった時、パニックになり物事を考えられなくなります。そのような時でも、人間の本能からなのか、広いところ、明るいところへ行こうとし、見つけてもらえることが多いのです。

しかし、亡くなっていた当事者は「狭いところ、暗いところ」で見つかったそうです。

私はこのことを聞き、ストレスからきた自殺ではないかと考えました。私は医者でも専門家でもないし、亡くなった当事者から直接話を聞いたわけではないので真実はわかりません。しかし、私の中にあったストレスを思い返すと、この人には自殺願望があったのではないかと思うのです。

認知症の症状がもたらす日常生活でのストレスは、自分自身が症状を受け入れ、工夫することで改善されます。また、周囲の人との関わりで良い関係が築けていたら、ストレスは少なくなります。でも、「行動の制限や監視」があると、強いストレスがかかり、当事者をダメにしてしまいます。ケガをするリスクよりも「行動の制限や監視」からくるストレスによるリスクのほうが、より大きいと私は思います。

当事者で元気な人は年齢にかかわらず、「診断後も自立した生活をしている、自分で決めて自由があるから元気でいられる」と言っています。

家族も当事者もできるだけストレスを溜めない、与えないようにすることが大切です。そのためにも、当事者も家族も周りの人たちのサポートを受け、それぞれ自分の時間を持つことを意識してもらいたいのです。

そこで大切なのは「お互い様」という気持ちではないでしょうか。

周りに迷惑をかけて申し訳ないと思うのではなく「お互い様」と思う気持ち。当事者・家族が困っている時には、助けてと言い合える関係を作ることが大切だと思います。

「欠けている部分」を認めてもらう

一緒に活動している八一歳の当事者と話をした時、家族の問題がいちばん難しいと言っていました。

ちょっとした言葉でイライラしてしまい、言い争いになってしまうそうです。いちばんわかって欲しい家族にいちばん理解されないと感じています。認知症だけの問題ではないけれど言い争いが日々絶えないそうです。

ささいなことでも、友達だと性格だからと認め合うことができるのに夫婦だとダメになってしまうことがあります。家族（人）が生活上の壁になっていると感じているのです。

認知症の症状でできなくなっていることが、家族の無理解で物事の解釈が変わってしまうことがあります。

例えば、トイレの電気をつけっぱなしにしてしまった場合、「また」と注意され、黙って消してくれたらいいのにと思って言い争いになってしまいます。

認知症の症状の理解ができて、家族の考えが変われば家族の介護鬱も解消されると思います。

認知症の当事者にはできないことがあり、生活の一部に症状の影響で「欠けている」部分があるのです。その欠けている部分の工夫やサポートが必要であり、そこが補われないと家族と対等の立場にはなることはできません。

家族が当事者の欠けていることを先回りしてやってしまうようなサポートでは、当事者も申し訳ないと感じてしまいます。

これを当事者の「わがまま」や「甘え」ととられたら、困ってしまいます。認知症により欠けてしまった機能をサポートし、家族と対等な関係になることで、はじめて家庭が円満になり、当事者も幸せと感じることができるのです。

認知症の進行で、自分でできなくなることが増えるのは仕方がないことです。

自分で症状を受け入れることが大切で、家族にも当事者の症状を受け入れてもらうことが大切です。

家族が当事者の症状を受け入れてくれると自分の人格を認めてくれたと感じることができる、多くの当事者はこのように思っています。

第四章　「あきらめ」という問題

嫌な気持ちになるから話をしない

認知症になると話がうまくできなくなると言われることがあります。しかし、認知症になったから話ができないのではありません。

支援者のみなさんが、家族と当事者が一緒にいる時に、最初に当事者にではなく、家族に挨拶をしていることをよく見ます。また、名刺や冊子を渡す時も家族に渡している人たちが多いように思います。

人と接する時の「第一印象」はとても大切で、その後の関係性が変わってきます。私が営業をしていた時には車を使用する人に名刺を渡し、カタログも使用する人のほうに向けて話を聞きながら説明していました。車を使用する人に説明するのは当たり前で付き添いの人に説明をしていたら絶対に購入に結びつきません。

しかし、認知症になると当事者が使う制度や支援でも、すべて家族に説明され、冊子も家族に渡されます。そして、当事者への話は質問ばかりで会話をしていないと思います。

会話とは、お互いに話をしたり聞いたりして共通の話題を進めることですが、支援者は一方的に聞くだけで自分のことを話す人は少ないです。これでは会話が成り立ちません。

聞かれる一方では、当事者も尋問されているような気になって嫌な気持ちにしかなりません。だから、話をしたくなくなります。このようにして、当事者は話ができないと思われるようになっていくのです。

支援者も相手の話を聞くばかりではなく、自分の話もすることで、言葉のキャッチボールをしてくれればいいのにと思います。共通の話題でなくてもいいので、支援者が自分のことを話してから当事者の話を聞くことで、当事者も安心して話ができるようになります。ここで大切なのは言葉のキャッチボールです。

診断書やケアプランなどの書類を作成したら、家族だけではなく当事者にも必ず説明することでその後の関係は大きく変わります。

当事者のことを無視した行動では、その後の関係性はうまくいくはずがありません。まず、最初に会った時には制度を利用する当事者に挨拶して、名刺や冊子も当事者に渡して説明する。

多くの当事者が、「認知症になったら、当事者に聞かずに周りの人たちで話し合いがされている。まだ、できることもあるし、やりたいこともあるのに、気を遣われすぎて嫌だ。自分の存在がなくなると感じた時が何度もあった」と語っています。

当事者をあきらめさせる家族の声かけ

生活のいろいろな場面で、家族は心配そうに「大丈夫？」とか「頑張りなさい」と言います。トイレに行こうと席を立つと「どこ行くの？　大丈夫？」とトイレまでついてきたりとか、常に「頑張ろうね」と励まされたりします。トイレに行くたびに「大丈夫？」と訊かれたり、忘れたり失敗するたびに「頑張ろうね」と言われることが続くと、自分がダメな人になったと感じ不安になります。

おれんじドア（当事者が不安を持った当事者の相談にのる場）にいると、最初は不安そうにやってきた当事者が、当事者同士で、これからやりたいこと、例えば山登りや旅行、買い物などといったワクワクすることや、生活で工夫していることを話すことで気持ちが楽になり、不安を持っているのは自分一人だけではないのだと安心し笑顔で話をしてくれるようになります。

しかし、せっかく当事者同士の話し合いで笑顔になっても、家族のもとに戻ると「大丈夫だった？　頑張ろうね」と声をかけられ、下を向いてしまう場面をよく見てきました。

当事者は家族に対して病気になって申し訳ないという気持ちもあるから、家族の言うことをできるだけ聞こうとし、「大丈夫だった？　頑張ろうね」と言われた時に、どんなに不本意でも、家族が困らないように自分の意思を押し殺して下を向いて黙ってしまうのです。伝えることを仕方なくあきらめているのです。そして、自分の意思を抑え込み、あきらめてしまった当事者は、「家族がいるから困っていない」と言うようになります。

普通に当事者同士で話をしているだけなのに、「大丈夫だった？」「頑張ろうね」と家族が声をかけるのは、「私がいなくて大丈夫だった？」「何も問題がなかった？」「きちんと話ができた？」という心配からくる言葉だと思います。

でも、私たちは何も悪いことをしているわけではなく、普通に話をしているだけなのです。「楽しそうだったね、また来ようね」と言ってもらえたら、当事者も下を向くことはなかったと思います。

よく「頑張りなさい」と励まされますが、すでに当事者は頑張っているのです。むしろ安心できる言葉をかけてくれたほうがうれしいです。例えば、「私たちが覚えているから、忘れたら気軽に聞いてね」というようなポジティブな言葉をかけてくれたら当事者も気持ちが楽になるでしょう。

当事者は家族からの声かけでポジティブにもネガティブにもなります。家族の存在は大きいからこそ、もっとポジティブな言葉をかけて欲しいのです。

当事者同士や、友達からの「大丈夫だよ」という言葉は励みになります。言い方次第だと思うのです。「大丈夫だよ」と明るく言われるのと「大丈夫？」と疑問形で心配そうに言われるのでは大きく意味が違ってくるのです。

何もできなくなる理由

家族は、「この人何もできなくなって」と言いながら、何でも先回りしてしまうことがよくあります。「家族がいるから困らない」という状況は当事者にとって、良い状況なのでしょうか？　誰でも「何でも先回りでやってもらえる」と何もできなくなっていきます。そうすると、当事者は「ありがとう」と常に言うようになり、何でも家族に任せるようになります。

そうなると、家族がいないと本当に何もできなくなってしまいます。その上、「ありがとう」という言葉を家族や支援者が素直に受け止めてしまうので、さらに良かれと思って何でもやってしまい、その人の生活を意図せずに支配してしまうのです。

「ありがとう」の言葉の裏には当事者の「申し訳ない」という気持ちがあるのです。

「ありがとう」と言ってこなかった人が、認知症と診断された後に頻繁に「ありがとう」と言うようになった時は、「自分がやってきたことまで、させてしまって申し訳ない」と感じているという背景があります。

本当に感謝している時に「ありがとう」を言うのは勇気がいります。照れくさい言葉だからこそ、たまにしか言わないのです。

例えば、家族に申し訳ない、負担をかけさせたくないと思って自分で動いたところ、失敗してしまいさらに迷惑をかけてしまった経験があり、その時に「余計なことしないで」と怒られて「自信がなくなったので何もしなくなった」と言っていた当事者がいました。当事者も家族に感謝をしていて、これ以上負担をかけさせたくないから動いているのです。家族も「ありがとう」と言ってくれたらうれしいです。

共依存

困りごとはたくさんありますが、困らないように先回りをして何でもやってもらえたら困らなくなります。しかし、できることまでやってもらえるようになると「自分で決めて行動する、自由が奪われている」ということに当事者自身が気づかなくなってしまいます。家族が目の前からいなくなるだけで不安になり探してしまう理由がここにあります。

これは認知症の症状ではなく、環境から作り出された「依存」という状態です。家族も「私がいないと何もできない、不安で目が離せない、常に一緒にいることが当たり前」になってしまい、共依存状態になってしまうのです。このような状態を支援者が見て「仲の良いご夫婦でいいですね」「幸せですね」「頑張っていますね」と褒めることがあります。そうなると家族も褒められることでさらに頑張ってしまい、結局、疲弊してしまうのではないでしょうか。

手をつなぐ行為は周りから見ると、仲の良い夫婦と思われます。でも実際は、認知症になる前は手などつないでいなくても認知症になると手をつなぐようになる人たちが多いです。手をつないでいると、仲の良い夫婦に見え、周りから「いいですね」と褒められます。しかし、「なぜ、つなぐようになったのか?」を考えると、「いなくなると困る」「自分のスピードに合わせたい」という想いがあるのではないでしょうか。

本当に仲の良い夫婦なら手をつないで横に並んで歩くはずです。スピードも相手に合わせて歩くはずです。また、手をつながなくてもよいかもしれません。しかし認知症の人は手をつながれることで「引っ張られて歩いている」こともあるのです。

ご家族も仕事や家事で時間の余裕がないかもしれませんが、少し待ってあげてくれませんか。

「共依存」は認知症の症状ではなく、環境から作り出された別の「症状」だと思います。少し待ってあげて、できることは自分でしてもらう、一緒に工夫をすることを考える。少しでも当事者ができることが増えること・できることを減らさないことが、結局は家族も楽になることなのです。何でもやってしまえばその時は簡単で、時間もかからないのですが、当事者ができていたこともできなくなってしまいます。そうなると、すべて家族が代わりにやることになってしまいます。これはお互いに不幸なことです。

若い頃は手をつないで相手に合わせて歩いても大丈夫でしたが、歳をとってから手をつなぐとバランスをとるのが大変になります。かえってつまずいたりしてしまう可能性もあります。

昔見た、老夫婦が手をつないで笑顔で歩いていたCMがとても印象が強く、私の頭の中にいまでも残っています。同じ手をつなぐならCMのように横に並んで笑顔で歩くことができたら、みんながうれしい感情になるのではないでしょうか。現実は違うと言われるかもしれませんが、同じスピードで楽しく歩いていることが私の理想なのです。

あきらめてしまう環境

当事者に「これから何をやりたい？」と訊いた時、散歩したい、電車に乗りたいという話が出てきます。「本当にそうなのだろうか？」と感じています。

認知症になると、海外旅行に行きたいなどと家族に言うと、「あなたは認知症なのだから一人では行けないでしょ」と言われてしまいます。もう、一人では何もさせてもらえない生活となっているのです。だから、「これから何をやりたい？」と訊かれても管理・監視できる範囲内での発想しかなくなってしまうのです。そして、できていたこともできなくなっていくのです。

私は当事者がギターをやりたいと言ったら、目指すはコンサートと言ったり、山登りをしたいと言ったら富士山に登ろうと言ったりしています。

なぜそのようなことを言うのかというと、それは当事者も支援者も認知症になると誰でも簡単にできる低い目標を立てようとするからです。できなくてもよいのです。どうやったらできるかを想像するだけでもワクワクするのです。

支援者は「言った限りは成功させないといけない」と考えるので、「責任が持てないのでそんな安易なことは言えない」と言います。でも、夢などを語る時に責任って必要ですか？　なぜ、成功しないといけないのでしょうか。普通の人の夢もほとんどが成功しないと思うのです。

認知症になる前にサッカーを教えていた先生が、認知症の診断を受けた後、私が「何をしたい？」と訊いた時にサッカーをやりたいと言ってくれました。その時に女性の支援者が「私たちにできるかしら」と言ったのです。自分たちができる範囲で考えようとしているのです。

私はそれは違うと思うのです。もともとサッカーを熱心にやっていた人が、未経験者とやって楽しいと思うでしょうか。その人がサッカーチームでボールを蹴るためにはどうしたらいいのか？　それを一緒に考えることが大切なのに、自分たちが相手してあげようという発想が違うのではないかと思うのです。支援者のできる範囲だけで考えるから、当事者は中途半端でやりたくなくなるのです。そしてこうしたことが続くと、管理された範囲の中でしかできることを考えられなくなってしまうのです。

認知症になっても夢を持ち続けることは大切です。それなのに、やりたいことを言った途端、「認知症だから無理」とすべてを否定されて何も言えない、そうなると当事者も

「認知症だからしようがない」とあきらめるようになります。

どうしたらいいままでやってきたことや、やりたいことをできるかを当事者と一緒に考え、地域につながることが大切です。やりたいことをあきらめなくてもよい環境を一緒に考えていただきたいのです。

仮に、山登りをして途中下山した場合、また挑戦するためにどうするか、運動の機会を増やそうなど、挑戦する気持ちを持ち続け当事者と一緒に考えることも大切ではないかと思います。

当事者があきらめから解放されるには

認知症の当事者はあきらめたくてあきらめているわけではないのです。自分自身の状況、周囲の状況がわかるので、仕方なく自分自身に起きていることを受け入れ、あきらめてしまうのです。しかし、あきらめることで、鬱などの他の病気になってしまったり、症状の進行につながってしまいます。ですから、当事者があきらめてしまうという環境は良くないと思います。

当事者があきらめないためには、家族とだけ過ごすのではなく、認知症と診断される前から付き合ってきた友達や、仕事の仲間との関係を続けることも大切でしょう。もし、以前の関係性が途切れたとしても、認知症になったことで出会った新しい仲間や支援者等、家族以外の人と対話の時間を持つことをお勧めします。自分のことを理解し、味方になってくれる人との関係を多く作ることが必要なのです。そして、良き理解者との出会い、安心して困っていることが言える「場」への参加が必要です。

当事者は、家族に心配をかけさせたくないと思い、気を遣って本音では話せなくなっているかもしれません。

家族にも当事者にも、良き仲間、気軽に話ができる支援者の存在は大きいです。

そのような仲間や支援者に出会うことで当事者も家族も、それまで抱いてきた不安を和らげることができ、家族も自分で「なんとかしよう」と頑張らなくても暮らせるようになるのです。

当事者は家族に対して、自分たちだけで抱え込まず、自分の時間も大切に過ごしてくれることを願っています。

当事者も自分の楽しい時間を作ることを心がけて欲しいし、家族も友達と会って遊ぶなど当事者と離れる時間を持つことができれば、お互いに笑顔で過ごす時間が増えると思います。家族も自分の時間が欲しいように、当事者も一人になれる時間が欲しいと思っています。

お互いに自分の好きなことができて、笑顔でいられたら一緒にいる時間も楽しくなるのではないでしょうか。

家族の歴史と言うけれど

家族の行動を見て、「それおかしくない？」と私が話をすると、支援者に「それぞれの家族の歴史があるからそういうことは言わない」とよく言われます。たしかに人それぞれの歴史があり、夫婦や親子関係があります。

しかし、認知症という診断名で関係性がすべて変わってしまうのは、納得がいかないのです。認知症と診断される前と診断された後、症状はあってもその人自身は変わらないのに、家族の関係は変わってしまいます。どのように変わるのかというと、ほとんどの家族と当事者は主従関係になっているように感じます。

もし、その人が「認知症になる前から一人で出かけることがなかった」「常に夫婦仲良しで手をつないでいた」「財布も家族に任せているので持つことがなかった」のならそのままでよいのです。しかし実際は認知症の診断前は、夫婦で手をつないで出かけず、一人で財布を持って自由に出かけていたのに、「認知症」と診断名がついただけで「ダメ、やめて」と言われ、一人で財布を持って出かけることを禁じられ、出かける時は誰かと手をつながないと外に出られない人たちもいます。

当事者の中には、「あなたは認知症だから」と家族に言われ、診断書に書いてあるのだからと診断書を出され、説き伏せられている人もいました。いままでの生活スタイルがまるっきり変わり、自分の思い通りにならない生活になってしまうのです。

私は、財布を持たせていない当事者のご家族に財布を持たせて欲しいと何度も話をしていますが、「必要ありません」「なくすから」「お金を渡すと何に使うかわからないから」などと言われました。これは本当に認知症になる前からの夫婦関係、家族の歴史なのでしょうか。

「なくす」なら財布とカバンをつなげておくとか、工夫してもダメなのでしょうか。

亭主関白、かかあ天下と言われます。それは、そもそもの家族の関係性であり否定するものではありません。しかし、それが認知症になった途端に変わっていないかと問いたいだけなのです。このような家族の「抑圧的行動」を、おかしいと思い「おかしい」と言うと、なぜ支援者は「家族の歴史」という言葉で、正当化しようとするのでしょうか。

認知症の診断により、夫婦関係やその人自身が変わることはないのに、家族や支援者の抑圧的行動により、当事者はとても傷ついているのです。

もちろんいろいろな家族関係があっていいと思います。でもそこにいる当事者は本当に幸せですか？

もし、あなたが認知症と診断されたら、すぐに「一人で出かけられない、財布を持たせてもらえない、自分で決めることができない」ような状況になります。それをあなたは本当に受け入れることができますか。

一週間、一ヵ月なら我慢できるかもしれないですが、これから先、生きている間ずっと誰かに監視され、誰かの言うことに従わなければならない生活を望みますか。

こういう言い方をすると、「家族の気持ちをわかっていない」と言われます。それでは当事者の気持ちはわかるのですか？　「家族が大変な思いをしているのはわかる、だからこそ嫌な思いをしても我慢している」と言っている当事者もいます。

どちらが大変とかそういうことではなく、当事者も家族も幸せであって欲しいのです。家族に気づいてもらいたいと思って「おかしくない？」と言っているのです。

家族同士の話し合い

家族への支援で、家族同士の話し合いが必要と言われますが、「できないこと自慢」になっているように感じます。「私のところはこれができなくなった」と話をすると、「私のところはもっとひどくてこれもできなくなった」という話になります。

「私のところは要介護3」「私のところは要介護5」となぜか介護度で競い合っています。

家族の話し合いで家族側に入って話を聞いたこともありますが、私はこんなに苦労している、こんなにやってあげていると自分が大変なことだけを話していました。

これまで自分がやってきたこと、現在大変なことを認めて欲しいと聞こえます。

家族側の話では、「当事者がどのように思い何を求めているのか」という話は一切なく、「自分たち介護側が頑張っている」という話で共感し合っているのです。

私は当事者同士の話し合いをしていますが、当事者同士は「これができなくなった」と話をすると、「私も同じ、でもこのように工夫しているよ」「私はこのようにして困らなくなった」と前向きな話し合いをしています。

私も気持ちが落ち込んでいる時に他の当事者の落ち込んでいる話を聞くと、「同じ同じ、大変だよ」と悪い方向に引っ張られてしまいそうになる時があります。そうなると夜中に考え込んで、眠れなかったりするのです。当事者同士では、工夫する話や、前向きな話をすることで笑顔になり、気持ちが上向きになります。

家族の話し合いでも症状の話の後には「このようにしたら成功した」と工夫をした体験を共有する話し合いができるとみんながうれしくなるのではないでしょうか。

当事者と話し合いをして工夫し、応援している家族の話を聞くことで、家族の気持ちが楽になると思います。

どんな病気でも、いちばんに困っているのは当事者なのです。しかし認知症は本人ではなく、周りの人たちが困っているといった話になりがちです。

家族も笑顔で過ごせるように当事者は願っています。

最初は介護よりサポート

認知症が進行していくと、実際に介護が必要になる人たちもいます。そこで大変な思いをしている家族もいます。その人たちにはもっと介護保険サービスを十分に使えるようにして欲しいと思います。そしてここでも必要なのは適切な情報提供です。

これまで、最初に家族が相談に行くので、支援者が家族の困りごとを中心に話を聞いていて、肝心の本人の困りごとが解決されないということがよくありました。

家族の困りごとだけを聞いてしまうと、「家族が疲れているから大変」と鎮静や分離といった対応にならざるを得ないことがあります。家族のためにと施設の泊まりを使ったり、デイサービスの回数を増やされたりします。

診断直後から支援者は家族を「介護家族」と呼んでいます。介護が必要でない当事者の家族も、「介護家族」と呼ぶので、家族は当事者のことを「介護が必要な人」と思い込み、介護が必要でない状態でも介護をしてしまうのではないかと思います。

各地で当事者や家族の集まりに参加すると、部屋を分けるために「当事者」「介護家族」「支援者」と張り紙がされています。そこで当事者と話をしましたが、実際にはほとんどが、介護の対象ではない人たちでした。でも張り紙には「介護家族」と書かれています。つまり介護が必要ではない当事者にも、「認知症＝介護が必要」とレッテルを貼っています。

診断直後から、家族への適切な情報提供やサポート体制がとれていないと感じます。介護の話をしてすぐに、将来のことに備えようとするのです。いままでの生活を続けていくためのサポートを知ることが大切なのに、備えとして「介護の仕方を覚えておきましょう」という支援体制なので、家族はサポートではなく介護をしてしまうのです。

これまでの社会は、「認知症＝介護」であり、頑張って最期まで看取った家族の話を聞いて、これからの介護のために備えましょうとなるのです。

しかし、これまで頑張って介護した家族と、これから当事者をサポートしていかなければならない家族では、時代も生活環境も個々の症状も全然違うのです。

いまは二四時間あいているコンビニ、数年前にはなかったＩＴグッズなど便利なものがたくさん増えました。それらをうまく使うことで、当事者も家族もいままでの生活を続けることができるようになります。

逆に、数年前の思い出話を聞いたことで参考になることは少ないと思うのです。現在、前向きに工夫をしている家族の話のほうが参考になります。当事者同士でも前向きに工夫をしている当事者の話を聞くことで自分も気持ちが変わります。

自分で選ぶ、自分で決める

当事者ミーティングをした時に、支援者から、お茶のペットボトルを買っていこうかと言われました。その時に私は「同じお金を出すならお茶じゃないものを飲みたい」と思いました。そして、「みんなも本当にお茶でよいのかな？　みんなに自分が飲みたいものを選んでもらえたらいいのでは」と考えました。お茶を用意されるような会で、認知症の当事者を見ていると、「はいこれ、あなたの飲み物」と家族が購入したものを渡されている姿をよく見ていたからです。

会場の前には自動販売機があったので、みんなにお金を渡して好きなものを買ってもらえれば私も好きなものが飲めると思いました。当事者が自動販売機で購入するのを見ていると、こちらが用意しようと思っていたコーヒーやお茶は誰も選ばず、ホットレモンやミルクティ、スポーツドリンクなどを選んでいました。一番人気はホットレモンでした。

その日は、「飲んだことはないけど飲んでみたい」と購入した飲み物を実際に飲んで「おいしい」「どこで買えるのか」などと会話も広がりました。

夏の暑い日にも当事者に自動販売機で購入してもらおうとしたら、隣にあったアイスの自動販売機を見てこちらが欲しいと言われたので、飲み物の代わりにアイスを購入しました。七〇代と八〇代の当事者がアイスを食べながら話し合いをしたのです。とても暑い日だったので、おいしそうに笑顔で食べていました。

飲み物を用意する時に、いつもは何も思わずにお茶やコーヒーを当たり前のように買っていました。でも当事者が、認知症と診断されてから自分で決めて購入することができなくなっていたので「とてもうれしい」と言っている光景を見て、自分にも偏見があったなと気づきました。「できることを奪わないで」と日頃言っている私自身も、実は当事者の選ぶ権利を奪っていたのです。

良かれと思って「この人はこれが好きだ」と決めつけてしまうことがあります。好きなものでも、その時の気分次第で違うものが欲しいという時、あなたにもありますよね？

当事者が自分で決めることができる機会がもっと増えればと思うのです。

第五章　工夫することは生きること

当事者の工夫

これまでの生活を続けていくために工夫することは大切です。

しかし、自分で考えた工夫ではなく、誰かに「こうしたらよい」とか「こうしなさい」と、当事者が押し付けられたと感じてしまうような「工夫」は長続きせず、やっていることも忘れてしまいます。

主体的に「自分で決めて工夫をする」ことが、ずっと工夫を続けながら生活できることなのです。

「工夫をするということは生きているってことだ」と、ある当事者が言っていました。

ここからは、私がたくさんの当事者から聞いた「自分で決めて続けてきた工夫」を紹介します。参考にして自分に合う方法を真似することで、認知症の症状によりできなくなった部分を補うことができるようになります。

忘れることに備える工夫

「派手なカバンを持つ。派手な服を着る」

印象が強くなる。ピンクなどの明るい色のカバンを持つことで、忘れたとしても周りの人たちに気づいてもらえる。

「模造紙をテーブルクロスのようにしている」

一人暮らしの当事者が、自宅のテーブルの上に模造紙を広げてテーブルクロスのようにしている。

座っている時、気になったことなどその場で何でも書けるようにすることで忘れたらどうしようという不安感を軽減できる。

メモや付箋だとどこに置いたか忘れてしまう。書いたことの中で大切なことだけ後でノートなどに書き写しておく。

「保険証、診察券、お薬手帳を一つの入れ物に入れておく」

病院に行く時には、必ずこの三つを持っていかなければならないので、まとめておくことで忘れることがなくなる。

さらに、何が入っているのかわかりやすいように透明なケースに入れておく。

持ち物がわからなくなることを防ぐ工夫

「透明な袋や透明なファイルに入れる」

中に何が入っているか瞬時に見えるので、見つけることが簡単にできる。

「出かける時に必要なものを小さな袋にまとめて入れている」

必ず持ち歩くものだけをポシェットのような袋に入れて一つにまとめておく。

カバンを変更しても中に入っている袋だけを入れ替えることで忘れ物が少なくなる。

手続きをしやすくするための工夫

「郵便局・銀行・旅行代理店に病名を伝えておく」

忘れるのを前提に対応してくれる。「次来る時に通帳、印鑑を持ってくる」など紙に書いて渡してくれるようになった。

お出かけしやすくなる工夫

「ICOCAやSuicaなどの交通系ＩＣカードは三枚持ち歩いている。服のポケット、デイバッグ、旅行カバンに分けて入れている」

どこに入れたか忘れるとあわてるが、三枚あると、どれかは見つけることができてスムーズに公共交通機関を利用することができる。

「ヘルプカードを使っている」

自作で、「私は認知症です。ご協力お願いします」などと書いたものを作成して、困った時には見せて助けを求めている。パスケースに入れて常に持ち歩いている。

病名を伝えないとわかってもらえず、変な人だと思われた経験から作成。

「名刺タイプのヘルプカード」

住所などがわかる名刺タイプのヘルプカードを作成した。名刺タイプは、もともと仕事の時に名刺を使っていたので渡しやすい、見せやすいという男性の当事者の話から作成。

「カバンを一つだけしか使わない」

カバンを一つだけにしている。

そのカバンに出かける時に必要なものをすべて入れてあるので、そのカバンを持てば大丈夫なようにしている。これだけ持てば大丈夫なので不安感が軽減される。

「家の鍵、敬老乗車証、財布をひもでつないでおく」

ないと焦ってしまい、公共交通機関でもたついて周りに迷惑をかけてしまった経験から、カバンにひもでつないでいる。

ひもの色を変えておくことで引っ張れば出てくるので見つけやすい。落とすのも防止できる。

「電車の乗り場、乗る車両をいつも決めておく」


乗る時、降りた時に景色が同じだとパニックにならない。

見たことのない風景が不安や焦りにつながるし、出口を間違うのを防止するため。

外出を楽しむための工夫

一人で外出して迷ったら不安にならずに探検気分で歩いてみて見覚えがある場所を見つける。それでもわからない時には人に訊く。

野球場など迷いやすい場所に行く時には事前に係の人に依頼をすることで席まで案内してもらうことができる。

スマートフォンを歩数計として使うことで歩く楽しみが増えた。距離数と歩数がわかると楽しい。

予定を間違えないための工夫

「グループLINEなどで自分の予定を自分の信用できる人と共有する」

自分の予定を支援者と共有することでダブルブッキングや間違いなどを教えてもらっている。

「今日の予定をホワイトボードに書いておく」

今日することをホワイトボードに書いて、終わったらチェックを入れる。

部屋の目につくところにホワイトボードを置いておくことで家族も共有することができる。

「自分専用のカレンダーに予定を記入」

家族と一緒だと、どれが自分の予定なのかがわからなくなり混乱するので、自分専用の大きなカレンダーを用意して予定を書くようにした。

自分だけの予定が書いてあるので家族の予定と間違えることもなく、みんなが見やすい。

「ケアマネジャーや仲間などのスケジュールをグーグルに登録」

携帯端末などに「ＯＫ、グーグル、今日の予定を教えて」と呼びかけると教えてくれる。家族に訊くと「また」と言われるが、ＩＴ機器は何度訊いても怒られないので気持ちが楽になった。

日課を続けるための工夫

「薬を飲む時間に携帯電話のアラームが鳴るようにする」

飲み薬だけではなく、目薬などの時間もセットすることで忘れることを防止している。アラーム音だけでは何のアラームかわからないので、文字で「薬飲むんだよ～」と画面に出るように入力をしておく。「薬の時間」と表示されるよりも、話しかけてくれているような言葉で表示されると気持ちも明るくなる。

「外出時に持っていくものをマグネットに書いて冷蔵庫に貼っている」

ハンカチ・携帯電話など、出かける前にチェックしながらマグネットを横に移動することで確認をしている。

持っていくものが増えたら追加して書いておく。

また「火」と赤文字でマグネットに書いて、ガスコンロの火が消えているかなど確認するようにもしている。

「毎日飲む薬を一包化して日めくりカレンダーに貼りつけておく」

カレンダーの日にちと携帯電話の日付を確認して飲み忘れを防いでいる。

薬の飲み忘れを防ぐことと、日にちと曜日の確認にもなる。

「常に書き留めておく」

紙とペンを常に持ち歩いて何でも書くようにしている。

書類をいつ郵送したか、どこにしまったかリスト化して書いている。

ノートを使用しているが、一ページごとに日付を書いて一日一ページを使うようにすることで見返す時に見やすい。空白が多い日もありもったいないと感じるけれど、予定などがわかりやすいので間違いが少なくなった。

時間を知るための工夫

時計の表示の見かたがわからなくなった。

視覚障害者用の時計（ボタンを押すと音声で時間を教えてくれる）を使うことで、見かたがわからなくなっても時間がわかるようになり、問題がなくなった。

画面を触るだけで音声で教えてくれる機能付きの時計も出てきた。

置き忘れをなくす工夫・物をなくさないための工夫

「**リュックサックか肩から下げるカバンを使う**」

手に持つカバンだとトイレなどちょっと離してしまうと、忘れてどこかに置いてくることが多い。リュックや肩から下げるカバンで、身体から離さないようにすることで忘れるのを防ぐ。

さらに両手があくので安全に歩くこともできる。


「**首から下げる**」

携帯電話や敬老乗車証などはネックホルダーを使い首から下げておく。

首から下げておくことで、常に見えているのでどこへ置いてしまったかと不安になることがなくなった。

ネックホルダーもおしゃれなものがあり、自分が好きなものをつけている。


「**紛失防止タグ**」

携帯電話とキーホルダータイプのタグを連動させることでなくし物を探すことができる。

携帯電話で調べると音や位置情報でタグをつけた鍵や財布などを探すことができる。

服の下などの見つけにくいところにあっても簡単に見つけることができるので焦らなくなった。

安心して暮らすための工夫・道具を使う工夫

「ガスコンロの消し忘れや過熱を自動で停止する安全装置付きにした」

新しくすることで使い方がわからなくなったところはシールに書いて貼っておく。
コンロをガスから電気にすることで火が出ないようにした。
お湯は電気ポットを使うことで消し忘れ等もない。
鍋を焦がすことや火事の心配を軽減することができた。

「家を改装」

電気の消し忘れなどを注意されることが多くなって、注意されるたびにイライラしていたので、家の改装と一緒に人感センサーで電気が自動で消える、水道は手をかざすと水が流れて、自動で止まる、トイレも自動で流れ自動でフタが開閉するものに替えた。
お金はかかったが注意されることがなくなったので、イライラがなくなった。

「オーブントースター」

目を離すとパン等を焼いているのを忘れて焦がしてしまうので、その場から離れないようにした。うまく焼けた時にタイマーに印をつけておくことで焦がすことが減った。

着替えの時の工夫

服を着るのに時間がかかる。服のどこを持ったらよいのかわからなくなるので、服の襟ぐりに線を入れた。どこに腕を通したらよいのかわからない時は、襟ぐりをつかみ肩口の内側入り口につけた白い輪っかに向かって手を入れることで着ることができた。

タブレットやスマートフォンを使用した工夫

「タブレットを使う」

タブレットを使ってみた結果、孫に教えてもらうことで会話が増えた。地図や調べ物をするのに活用している。使ってみると便利でさらに覚えたいと思うようになってきた。

便利なものを使うことで脳が衰退するのではと心配されるが、いろいろなものに興味が湧くようになりさらに脳を使っていると感じている。

「スマートロックを使う」

家の鍵を開けたりかけたりする時鍵穴に鍵を入れるのが難しい。スマートロックを使うことで困らない。スマートフォンを持って近くにいくと開き、離れると鍵がかかる。

家族に頼まなくてもよいので気持ちが楽になる。

「スマートフォンのボタンを押すのが難しいのでSiriを使う」

iPhoneに、「へいSiri、〇〇さんにスピーカーで電話」と言うだけで電話をかけられる。アンドロイドのスマートフォンだったら、「ＯＫ、グーグル」で使えます。

「スマートフォンとエアコンを連動させる」

スマートフォンに話しかけるだけでエアコンのスイッチを入れたり切ったりできる。

「電車乗換案内アプリを使う」

出発時間、到着時間、現在どこを走っているか、何番線から乗ったらよいかなどがわかる。

切符を購入する時に駅員さんに調べたものを見せるだけで、スムーズに購入できる。

「グーグルマップを使う」

最初はどちらに向かったらよいのかわからないけれど、適当に数メートル歩くと方向が合っているか違っているかわかるのでそれから矢印の方向に行くだけでたどり着ける。距離なども表示されるのでわかりやすい。

家の周りでも自宅を登録しておくと自宅まで簡単に案内してくれるので、買い物や散歩の時にも不安が軽減した。

「音声入力を使う」

文字を打つ時にマイクのマークを押して話すと文字を入力することができる。

グーグルマップの検索でも音声入力でき、場所だけではなく、コンビニと言えば近くのコンビニを探してくれたり、カレーと言うとカレーが食べられるお店を探してくれる。

買い物をする時の工夫

財布から小銭を出したりするのが難しいが、支払いをカード（電子決済）にすることでお金の出し入れをしなくてもよいので便利。

カードケースとカバンをつなげておけば落とすこともない。

ヘルプカードを作成して、レジの人に見せて協力してもらっている。

この本を作った時の工夫

この本はまっさらな状態からすべて私が考え作り上げてきました。認知症の当事者がそんなことができるのかと思う人もいると思います。

おれんじドア、ピアサポート活動、講演会で多くの当事者、家族、支援者と話をしてきました。その時に私が感じたことや、大切だと思ったことをノートを持ち歩いて書き留めていました。それは文章というより箇条書きで書いているのです。

そのノートを見て思いついた文章をスマートフォンのメモというアプリに入力します。手で入力する時もありますが、入力をする画面でマイクのマークを押して、話をすると文字になる機能を使う時もあります。それをパソコンに送るだけで原稿になります。

それを、つなぎ合わせて何度も読んでみます。短い文章なら読んでも大丈夫ですが、長くなり頭が疲れてくると、文字を見ても、こんな文字あったかなと思うようになり文章を読むことが難しくなってしまいます。そんな時は、読むのではなくパソコンについている音声読み上げ機能で聞くようにしています。何度も聞くことで間違っているところなどもわかるのです。

何度も聞いて自分で納得のできる文章ができたらはじめて仲間の人たちに見てもらうのです。そこで、言葉の違いや漢字の間違いなどを教えてもらいます。

そのようにしてできあがったのが本の原稿や講演の原稿です。

ゼロから作るのには大変なことがあります。それは頭の中で文字がわからなくなったりするからです。漢字がわからなければ辞書で調べればよいのですが、こんな言葉があったかなと簡単な言葉がわからなくなり、合っているのか間違っているのかわからないので不安になるのです。文字を見ると図形のように感じることがあるので、認知症になる前とは違う大変さを感じています。だから、文字を読むのではなく読み上げ機能を使うのです。

読み上げ機能では、その日の頭の調子に合わせて音声のスピードも変えられます。不思議ですが聞いて考えることに関しては困ることがありません。

脳が疲れると急に眠くなり、仮眠をとり再度続ける。脳が疲れて大変なことも多いのですが、少しずつこの原稿を作り上げてきたのです。

同じものをいくつも買うのが困るなら

家族からの相談で多いのが、同じものを何度も買ってきて困っているという話です。当事者は「欲しい」から買ってくる、生活に必要だと思うから買ってくるだけで困っていません。その時は失敗したと反省しますが、忘れてしまい「欲しい、必要」という気持ちが優先するのでまた購入します。同じものを買ってくることで困っているのは家族なのです。

みなさんは、忘れて同じものを買うことはないですか？　私も気がつくとスマートフォンの充電器を何個も買っていて、引き出しの中を見て気づくことがあります。ガムを購入後、カバンの中を見て六個入っていたと気づいたこともあります。私は、そのような時は、欲しい人にプレゼントするようにしています。

一〇〇円ショップで毎回ノートを購入する当事者がいて、未使用のノートが五〇冊あって困っていると聞いたので、児童館や施設などに寄付したらどうですかと提案しました。

みなさんは「どうしたら同じものを買わないようになるのか」と考えてしまうと思います。とても高い買い物の場合は別としても、低価格のものなら何回買ってもよいのではないでしょうか。

忘れて同じものを購入するのを問題とするのではなく、寄付をしたり、プレゼントをしたりすれば、当事者も怒られないですし、もらったほうもうれしくなると思うのです。

私の場合、会社の仲間に買いすぎたガムをあげたら、チョコレートになって返ってきました。こんなエピソードが増えると認知症の症状も楽しいと感じられ、うれしい経験になります。

ちょっと考えを変えるだけで楽しくなる

「眼鏡がない」と探す当事者がいた時、当事者も家族も必死に探そうとします。見つからないと疲れきってしまい、お互いにイライラします。

眼鏡は現在、安く購入できます。複数購入しておいたらどうでしょうか？　そして、見つからない時は探さないい、他の眼鏡を使えばいいのです。そうしていたら、探さなくても、忘れた頃に見つからないと思っていた眼鏡が見つかるのです。テレビのリモコンも二、三個あるとすぐに見つけることができて困らなくなります。なぜ、一つに執着するのでしょうか。考え方をちょっと変えるだけで困らなくなるのです。

よく、物盗られ妄想の症状で困っている家族がいます。同じやり方で成功するかわかりませんが、一つの成功体験の話をします。

財布がないと頻繁に言う当事者がいました。そこで一〇〇〇円の同じ財布を八個買ってきました。本当は一〇個購入したかったけど八個しか在庫がなかったのです。それを一個、家族から当事者にプレゼントしてもらいました。喜んでくれましたが、すぐになくなった、盗られたと言うのです。その時、すぐに同じものを出すようにしました。八個もあるので、「ない」と言われたらすぐに出してあげることができ、すると落ち着くのです。八個もあると、なくなっていても、しばらくすると見つかるので、いつでも出してあげることができるのです。そうすると当事者も怒ることが少なくなるのです。

これも一つに執着しないで、良い意味で認知症の症状を楽しんでいるのです。このように、症状とうまく付き合うことができれば、当事者も家族も困ることが減ると思います。

変わってきた認知症を取り巻く環境

以前は認知症と診断されると、主体は家族になりました。家族が介護保険の利用、薬の服用などを決めてきました。でも最近では当事者自ら病院へ行き診察を受ける人が増えてきました。また、相談もいままでは家族が中心でしたが、最近では当事者が相談に行くケースも増えてきました。

環境が変わってきています。主体が家族から当事者へ移行しています。これからは、介護保険の利用、薬の服用や治療なども当事者が自ら決める時代になってくると思います。支援者がどれだけ情報を周りの人たちに与えることができるか、当事者や家族も正しい情報をキャッチすることができるかで、その後の生活が大きく変わります。

いままでの情報では、当事者も自分の限界を低く見てしまい、自分で認知症だからと弱く演じてしまうこともありました。

自分で決めて行動できる人もいるけど、もともとの性格で難しい人もいると言われます。ですが、もともとの性格などと決めつけずに、乗り越えることができるとみんなが信じることが大切です。そのためにも正しい情報が当事者に伝わるようになって欲しいと思います。

正しい情報は、その当事者の段階や環境によって違います。その時々に欲しい情報はみんな違います。支援者は当事者や家族の話をきちんと聞いてその状況で必要な情報をきちんと伝えてあげて欲しいと思います。

また、当事者や家族は、必要な情報を得るためにも、まずは自分たちが動くことが必要です。情報は与えられるのを待っているだけではなく、取りにいくことも必要です。動くことでいろいろな支援者に出会うことができます。しかし、その情報が自分の欲しい情報ではない場合もあるので、多くの支援者と出会うことが必要です。

情報の中で何が必要なのか、何が不必要なのか全然わからない人も多いと思います。まずは、「これから何をしていきたいのか？」「働き続けたい、趣味を続けたい、仲間と出会いたい」など具体的に自分の想いを伝えることで、支援者もどのような情報を必要としているのかがわかると思います。

きちんと自分に合った情報を獲得するためにも、まずは診断された病院にいるソーシャルワーカーにどこに相談すべきか、訊いてみてはどうでしょうか。

認知症に備える

新型コロナウイルス感染拡大により、人と直接会う機会が減りました。しかし、インターネットを使って顔を見て会話をするシステムが周知されるなど、現在でさえ、私たちを取り巻く環境は目まぐるしく変わっています。

家族にも、診断直後から家族に寄り添う支援が必要です。それは、最新の情報であり、当事者の段階に合わせた適切な情報でなければなりません。

そして、家族の困りごとを解決することよりも、当事者の暮らしを良くすることを考えて欲しいです。当事者の暮らしを支えるために家族へのサポートが必要なのです。

これからは、支援者がＩＴを使いこなし、家族や当事者にスマートフォンの便利なアプリを工夫して使うことで、症状をカバーできることを教えてあげる研修が増えればいいと思います。

支援者も自分が使ったことがない、使い方がわからないものに手を出すことはありません。自分が教えられない時には、詳しい人や専門の人に教えてもらってみんなが使えるようになることが、いずれ支援者も認知症になった時に困らなくなる備えとなるのです。

目まぐるしく変わる環境に適応するために、インターネットの適切な活用は「備え」となります。私は新型コロナウイルスが発生する前から、Ｚｏｏｍを使い、オンライン会議の練習会に参加してきました。世界の認知症当事者とオンラインで交流を続けてきました。それが、新型コロナウイルス感染拡大防止のための緊急事態宣言で自粛生活になった時に役に立ったのです。人とのつながりが途絶えることがなく、気持ちが落ち込むことがなかったのはＩＴのおかげなのです。

できるか、できないかではなく、やることで気づくことも多いのです。

そして、いまＩＴを使っておくことが、これからみなさんが認知症になった時に、できなくなってきたことを補い生活していくための「備え」となるかもしれません。

当事者の中にはＩＴをうまく使うことで、ストレスの少ない生活を送れている人もたくさんいます。ＩＴに頼ることで頭を使わなくなってしまうと心配する人もいますが、さらにいろいろと挑戦しようと意欲が湧いてきた人もいます。

ＩＴという大きな武器

ＩＴといってもいろいろなものがあります。ＩＴを上手に使うことで人とのつながりや交流を続けていくことができます。また情報から遮断されないための役割や、道具（地図、メール、電話など）としての役割もあります。

当事者が認知症の症状で困ったことが起きた時に、ＩＴを使うことが大きな手助けとなるのです。もちろんＩＴがすべてというわけではなく、それが紙の辞書やノートなどアナログのものでもよいと思いますが、使ってみるとすごく楽に情報を得ることができるのでお勧めします。

支援者の中には、「高齢者だから、認知症だから使えない」「使えない人たちは取り残されてかわいそうだから、いままでの紙媒体や電話など変わらない方法のほうがいい」と思っている人もいると思います。

でも、本当に使えないのでしょうか？　使い方を教えたりしたことがあるのでしょうか？　使う前から無理と決めつけていないですか？　すべてを使いこなせと言っているわけではありません。目の前にいる当事者が一つだけでも使いこなすことができるようになれば、認知症の症状があっても困ることが軽減するのです。

その人に必要な情報を届ける手段として、ＩＴを含めてその人に合った方法を使えたら当事者も楽に暮らせるのです。それを無理とは決めつけずに一緒に考えて欲しいのです。

ＩＴを使える人は当事者でも特別な人と思われるかもしれませんが、けっしてそんなことはありません。手段を限定しないで使えるように応援して欲しいのです。

スマートフォン一つとってみても、認知症の人にとって、困った時に困らなくなるアプリや機能がたくさんあります。設定をするのは難しいかもしれませんが、それは周囲の人たちがお手伝いしてくれたらうれしいです。

例えば、ＬＩＮＥアプリを使うことができれば文字が打てなくてもマイクで話をすると文字に変換できます。またはスタンプを選んで押すことができれば意思疎通が簡単にできるのです。

ＬＩＮＥ電話もビデオ通話を使えば、顔を見ながら話ができるのです。

仮に道に迷った時、電話で「どこにいるの？」と訊かれてわからなくて困る場合でも、ビデオ通話なら周りの景色を見せるだけでどこにいるのか、どのようにしたらよいのか相手のほうが判断してくれるのです。さらに位置情報を使えば自分の居場所が相手に伝わるので見つけてもらえるようになります。これが認知症になってからでも困らなくなる一つのツールなのです。たった一つのアプリを使うだけでも、出かけることの不安を軽減できます。そして、一人で出かけることができれば家族も楽になり関係性が良くなると思います。

例えば、写真を撮って送ることで、自分のいまの状況を伝えることもできます。グループＬＩＮＥを使えば家族同士で楽しく会話をしたり、家族や支援者と情報を共有することで自分の予定や情報などもわかるようになります。たった一つのアプリを使うだけでもいろいろなことが困らなくなるのです。

さすがにこうしたことを、認知症が進んでから覚えようとしても、無理でしょう。診断直後、もしくは認知症になる前から使ってみることが必要なのです。

まずは、使ってみないと良さがわかりません。

ＳＮＳを使うことで、新型コロナウイルス感染拡大で人と会えなくても、自分の状況や相手の状況がわかるようになりました。みんなどうしているのかなと不安になることもないし、人とのつながりが途切れることもなくなります。ＩＴは認知症の当事者が一人で情報を得たり、行動するための手段であり、当事者も家族も楽になり、関係性を良くするツールだと考えてもらえればもっと使ってみようかなと思えるのではないでしょうか。

第六章　認知症と共に生きる

なぜ空白の期間ができるのか

認知症の診断を受けた直後、当事者や家族は世間の目を気にしてしまい、引きこもりがちになり、相談機関やサービスにつながらないことが多くあります。このどこにもつながらない期間のことを「空白の期間」と言います。

私が二〇一三年に認知症の診断を受けた時、病院では診断名を告げられて(告知)薬を出される(処方)だけで、これからどのようにしたら良いのかなどの暮らしの継続のための話は一切ありませんでした。与えられる情報は重度のもので、介護保険の話だけで不安になり、将来が見えなくなりました。こうした情報は絶望でしかありません。

メディア等の情報も、重度になった時のものばかりでした。前向きになる情報がなく、大変な介護の情報ばかりです。家族が一生懸命に頑張って介護して最期まで看取りましたという話や、介護技術のようなものが多く、社会全体が「認知症=介護」になっていました。だから、多くの当事者はこれから周りに迷惑をかけてしまうと思い、会社を退職し、社会と関わることをやめてしまうのです。

自分がお世話されている姿を見せたくないと思い、外に出たくなくなるのは当たり前のことだと思います。家族は、大切な人の変わった姿を人に見せたくないと思うから当事者にしっかりさせようとするのです。

診断された次の日から、当事者と家族は「知られたくない。何か言われないか、おかしな人と思われないか」と勝手に周りを気にしてしまい、外出もできず引きこもりがちになり、社会と関わらなくなってしまい、重度になるまで支援者につながらないことが多いのだと思います。これが「空白の期間」ができる一因だと思います。

診断されていなければ自由に出かけたりできるのに、診断名がついた途端に家族から「ダメ」と言われることが増えてしまう、診断名がつかなければ急に運転をやめることもなかったはずというのは多くの当事者が言っていることです。

診断されても、周りが応援してくれていままでの生活を続けていくことができれば、家族も混乱することなく、日常生活を送れるのではないでしょうか。

とりあえず取得する介護保険

診断直後の当事者に対して、支援者は、まったく「支援機関」につながらない状態を、少しでも早く助けてあげたいという気持ちから介護保険の利用につなげようとします。介護保険が必要のない人にも「とりあえず取っておきましょう」と要介護認定の申請をすることを勧めます。私が認知症と診断された時も、どこに行っても介護保険の話ばかりされました。「介護保険は申し込みました？」と「認知症＝介護保険の申請」が当たり前の話でした。

しかし、いまの介護保険では、診断直後の当事者にとって必要な支援は少ないのが実態です。「認知症＝何もできなくなる」という間違った情報で当事者には合わないサービスを勧められるので、一度行ったら嫌になり、その後は重度になるまで相談機関に行きたくなくなるのです。

診断後、当事者が求めていることは、いままでの人とのつながりや、社会とのつながりを断ち切ることなく生活していくことなのに、認知症の診断がなされた瞬間から、いままでの生活を変えなければならなくなります。これまでの生活を続けていくためには、国からの支援だけではなく、地域で役に立つ情報を伝えてあげるなど、その人がこれまで築いてきた社会との関わりを断ち切ることのないような情報提供が必要ではないでしょうか。

介護保険の中でも利用することで当事者がより良く生きられるサービスがあれば、教えてもらい、きちんとメリット、デメリットを知り利用することで、当事者も家族も楽に過ごせるようになります。

ある家族が、「何ができるのかわからずに『とりあえず取得しましょう』と勧められ、介護度を決められるので自然と最悪のことを考えてしまう」と言っていました。

病気をオープンにできない理由

当事者が地域との関わりを途切れないようにするためには、病気をオープンにすることが必要です。支援者は病気をオープンにし、人とつながり生き生きと元気に暮らしている当事者と出会うことで、新たに自分が出会った当事者にも「病気をオープンにしたらよいのに」と、病気をオープンにするように勧めるようになります。

しかし、当事者が「自分が認知症と診断されたこと」を伝えることは勇気のいることです。支援者は病気をオープンにしようとしない当事者について「病気をオープンにしてもらうのは大変だ」「オープンにしたほうがよいのはわかるが当事者も家族もしてくれない、難しい」と言います。なぜ、当事者が病気をオープンにできないのでしょうか？

よく、認知症に対して社会の「偏見」があるから難しいと言われます。その偏見とはどのようなものか、当事者が偏見と感じたことを聞いてみてください。

当事者と一緒に「社会の偏見」について話し合うことで、認知症をオープンにしたほうが良い理由を当事者に伝えることができるようになります。

「できること」「できないこと」「やりたいこと」の三つを伝える

私は病気をオープンにすることに不安を持っている当事者に対し、病気をオープンにする時には「できること」「できないこと」「やりたいこと」の三つを伝えたほうが良いと言っています。いままでの経験で、伝え方を工夫するだけで多くの人たちが助けてくれることを知ったからです。

ただ単に「認知症と診断されたのです」と病名を伝えても、「何ができて、何ができないか」が伝えられた人もわからないので、やさしさから「そっとしておこう」となり、離れていってしまいます。やりたいことなどをきちんと伝えると、機会があれば誘ってもらえることもあり、うれしい経験につながります。

私も診断直後は腫れ物に触るような対応をされていました。会社で一緒に仕事をしていた女性に夏の暑い日、「暑いよね、ビールでも飲みたいよね」と話をすると「丹野さんは病気でしょ、お酒なんか飲んじゃいけないのでは」と言われました。

「担当の先生からはダメとは言われてないよ」と言うと、「じゃ飲みにいきましょう」と誘ってもらえました。私は、病気だから何ができて、何ができないのか、誘って良いのかわからないから、みんなも戸惑っているのだと気づきました。

また、当事者には「まずは、みんなに言うのではなく、一人でいいから信用できる人へ伝えてみて」と言っています。伝えてみて嫌な経験をしなければ、「また他の人にも伝えてみよう」となるからです。病気をオープンにすることで、嫌な思いをしなければ気持ちは変わります。

例えば、第二章に書いた認知症カフェですが、診断後、認知症を隠すことなく自由に話ができる場であり、当事者が選んでいろいろなカフェに行き、安心して時間を過ごすことができれば、本人の意思とは関係なく、介護保険サービスを決められることはないと思います。行きたくないデイサービスへ行かなくてもよくなると思います。

逆に認知症を伝えたことにより「守らなければならない人」と思われたら、伝えることが当事者にとってデメリットになってしまいます。

私は病気をオープンにしたことにより、たくさんのうれしい経験をしてきました。多くの人たちと出会いサポートを受けることができたことで、家族だけがサポートしなくてもよくなって、家族も楽になったのです。

病気をオープンにすることは、デメリットよりもメリットのほうが多いことを実感しています。

仲間の当事者も認知症をオープンにしたことにより、「気持ちが楽になった」「助けてくれる人が増えた」「仲間ができた」と話しています。

認知症を取り巻くさまざまな偏見

世の中には「認知症にだけはなりたくない」と思う人が多くいます。でもそう思う人が多いと、当事者も家族も不安になってしまいます。

「認知症＝介護」「認知症は重度で困った人」という認知症に対する悪いイメージが「ボケた」「何もわからない人」という「悪口の言葉」となって一般的に使われてきました。

社会に偏見があるから病気をオープンにできないと言う人たちもいます。偏見は社会を取り巻く環境にあると言われていますが、実際の偏見は自分自身や家族の心の中にもあります。「認知症になってしまって、周りの人にどのように思われるだろう」「何か言われていないか」などと考えてしまい、身動きができない状態になってしまいます。

多くの人が、認知症という言葉を、いままでさまざまな場面で、多かれ少なかれ悪いイメージの言葉として使ってきたので、「自分がその対象になってしまった」と考えてしまうのです。

これが誰にでもある「自分自身の偏見」です。

家族も周りの目を気にして、いままで通りでいて欲しいという想いから、人前では失敗させないように先回りをしてしまうので、当事者の行動を奪ってしまうのです。

これは「家族の偏見」です。

私は認知症の診断を受けた後、病気をオープンにして「困った時には人に助けてもらう」「わからない時には人に訊く」ようにしたら普通に過ごせることを知りました。当事者と話をすると、認知症になったことを周りに伝えたら、気持ちが楽になったと言う人が多いのですが、なかには伝えることで、「嘘でしょ」「あなたが認知症だったら私も認知症」と言われることで傷ついてしまう人もいます。「そんなことないでしょ」と強い言葉で言われてしまうこともあります。言った人に悪気はないのですが、その言葉で病気をオープンにできなくなった人もいます。

「私は認知症と診断された」と話をした時に、「嘘でしょ」と返されてしまうのは、社会の認知症のイメージと、目の前で認知症になったと告白した当事者の姿に大きな「ズレ」があるからです。これは「みんなが持つ偏見」です。

数年前、私に講演依頼がありました。承諾をして打ち合わせをしていると、私の住んでいる仙台市でも交通の便が悪く行きづらい場所だったので、どのように行ったらいいのだろうと思い訊いてみました。電車に乗って駅からタクシーを使っていいのかわからなかったのです。「どのように来ますか?」と訊かれたので「車の免許証を返納したので公共交通機関を使って行きます」と話をすると、「誰と来ますか?」と訊かれたので「一人で行きます」と答えました。後日、丹野さんに何かあったら責任が持てないので今回の話はなかったことにしてくださいと連絡がきました。これが「社会に存在している偏見」です。認知症の人は一人で出かけられないと思われているのです。これが「社会に存在している偏見」ではないでしょうか。

私は近所の人たちには認知症になったと話していません。でも知っているとは思います。だからこそ、バスに乗る時など近所の人たちと会った時には笑顔で大きな声で挨拶をするのです。

暗い顔で下を向いて歩いていたら、それこそ偏見を持たれてしまいます。

私を見て、認知症の人が「普通」だと感じてもらいたいと思い、あえて大きな声で気づいてもらえるように挨拶しているのです。

当事者が「自分で決める」

いままで、認知症当事者を取り巻く環境は、本人の意思とは関係なく、当事者抜きで家族と支援者のみで物事が決められてきました。当事者が「自分で決める」という視点がなかったと思います。そして、良かれと思ってやってきたことが当事者の自立を奪い、気持ちを落ち込ませていたのではないかと思います。

多くの人は自分の進路を決定する時は、自分で決めています。もし、自分の子供が進路を決める時に「良い大学があるので行きなさい」と勝手に決めつけたら子供は怒るし、行かないと思います。それなのに認知症になると、デイサービスや施設入所など勝手に決められ、それに従わないと「拒否」と言われ、行きたくないと意思表示すると症状が悪化したと言われ、家族も困ったと疲弊してしまうのです。

「自分で決める」ということは、リスクを自分で受け入れることになります。

でもそれでいいのです。リスクのない生活はワクワクすることもなく、家族にすべてを任せてしまう、依存の生活なのです。

家族は自分のほうが長生きをすると思っているかもしれませんが、家族だっていつ病気になるか、ケガをするかわかりません。リスクの少ない生活を送っている当事者の家族が病気になった時、当事者が自分で決められないと、家族も当事者も共倒れで不幸になってしまいます。

介護の本には、「認知症の人との会話は、はい、いいえで答えられる質問で話しかけて」と書かれていました。本当に話ができない人ならわかりますが、これでは誘導尋問になりやすいのです。

実際に「何をしたい？　何を食べたい？」と訊くのではなく「○○をやりましょう、○○を食べましょう」と話しかけている人たちを多く見てきました。当事者が決めるのではなく、周りの人たちが決めたものに当事者を誘導していたのです。なぜか、当事者は自己決定できないと思われています。

当事者と何か決める時は、「何をしたい？」などいろいろな答えが出てくるオープンな質問で話をしてください。次に当事者が話した答えを確認する時に「これでいいよね」と、「はい」か「いいえ」で答えられるクローズドな質問をするのです。

もし決められない場合は複数から選んでもらうなどして、最後まで当事者が自分で決めることを応援して欲しいのです。

認知症が治る薬

以前、私は「認知症が治る薬が開発されるとよい」と言っていました。しかし実際に開発されたとして、治る薬を飲んでみても、自分が納得できるかどうか疑問に思うようになってきました。痛いところの痛みがとれた、歩けなかったのが歩けるようになったというなら治ったことがすぐにわかります。でも記憶力はわかりにくい気がします。

記憶障害が治ったとしても、「どの段階での記憶力のことを考えるのか?」「認知症になる前の記憶力なのか?」「それともいまよりも良くなったら治ったと思えるのか?」

認知症になってから現在まで何年も経っています。その間に、確実に老化が伴っています。そのことを含め「自分は受け入れて納得できるのか?」「どうしても認知症になる前の記憶力を考えてしまうのではないか?」。そして認知症になる前から物忘れがあるのに、そのことをなかったかのようにして全然物忘れをしなくなることを求めてしまうのではないだろうか。

これから先も老化が必ずあり、物忘れが増えてきた時に認知症が治っていないと思うのではないだろうか。そんなことを考えると認知症が治る薬ができることを願いながらも、症状や老化現象を受け入れることが大切だと思うようになってきました。

できるならいまのままでいたい、しかし進行しても病気を受け入れ、工夫をしながら自分のことは自分で決める環境があれば、自分らしくより良く生きられるのではないかと考えています。

当事者の力

私は当事者からたくさんの言葉を聞いてきました。話ができないと言われている当事者とも話をしてきました。話をしていくうちに当事者の話を聞き出すこと（ピアカウンセリング）ではなく、自分の経験を伝えること（ピアサポート）がより大切なことに気づきました。

自分の経験を話していると不安を持った当事者は真剣に話を聞いてくれます。頭の中で「その話は私も同じ、それは私とは違うな」と考えることで自分の考えや想いが言葉となって出てきます。

相談窓口に行くと、まず病名を訊かれ、困っていることを訊かれることが多かったです。病名を言うだけで一般的な症状に当てはめられて考えられてしまいます。困っていることを訊かれてもとっさに答えることはできないのです。

だからこそ、当事者が自分の経験を話して共感してもらうことが大切なのです。共感することで自分だけではない、他の人も同じ経験、同じ想いをしていることに気づき、気持ちが楽になるのです。みんな、なぜ自分だけがこんな病気になってしまったのだろうと思い続けているからです。

私だけではなく、たくさんの当事者がピアサポート活動をしてくれるようになりました。例えば幻視が見える当事者には、同じ症状の当事者に自分の経験を話してもらいます。すると不安の中にいる当事者は涙を流して共感してくれます。その時にどのような対策、工夫をしたのか、そんな話もしてもらいます。家族も当事者の話を聞いて、変わった行動の原因を理解してくれて涙を流すシーンを何回も見てきました。これが当事者同士のピアサポートの力なのです。

運転免許を考える話し合いも行うようになりました。運転をやめた当事者とやめたくない当事者が話し合うのです。やめた当事者は、やめた時の心境、現在の心境、メリット、デメリットを話します。そして運転をやめたくない当事者が話を聞き自分で考えることで、自分の気持ちに折り合いをつけるのです。一～二回では難しいですが三～四回目で自分からやめると話をしてくれるようになるのです。

車の運転はやめるけど、免許証は持ち続けたい人にはそのまま持ち続けてもらうように話をします。持ち続けているが更新の時には自分から返納し、運転経歴証明書を申請する人が多くいます。

自分で決めてやめた当事者は「奪われた」という言葉を言わないし、その後の家族との関係も良いままなのです。一方、家族に無理やりやめさせられた当事者の話を聞くと、常に「奪われた」と言っています。その後も無免許で運転したり、怒って暴れたりと問題行動をとる人もいます。

当事者同士で話をすることで、自分で考え納得し、やめるようになります。家族からやめるように言われると意固地になり、さらにやめる気が起きなくなってしまいます。それは、できなくなったことを家族から言われ、認めたくないだけなのです。

当事者同士の話はお互いに力になります。この役割は認知症でもできることではなく、認知症になったからこそできる役割なのです。

ピアサポート活動は話をするほうにも聞くほうにもメリットがあり、自分自身の気持ちに整理をつけることができるのです。

いままで本音で自分の話をすることも少なく、話をしても否定されることが多かったので自分の味方がいないと感じるのです。当事者同士だと否定されることがなく、アドバイスや工夫していることを教えてもらえるので自分の味方ができたと感じることができるのです。

年齢などにかかわらず当事者同士が仲間となるのです。

この役割（ピアサポート）をやりたいと思っている当事者に、無理と決めつけずに応援してくれる人たちが増えてくれたらうれしいです。

希望と絶望

認知症の人の暮らしを考える時に、なぜ「希望」という言葉がよく使われるのでしょうか？

私自身、認知症の診断を受けた当時、認知症は「治らない病気」と言われ、「大変な病気になってしまった」と感じ、未来が真っ暗なものになり、絶望感でいっぱいでした。

私は、そこから「笑顔で生きる」という「希望」を持てるようになり、認知症の当事者に対し、日々の暮らしや、将来に希望を持って欲しいと考え、私自身「希望」という言葉を使ってきました。

しかし、東日本大震災の経験や、台風による災害を経験したことにより、「希望」という言葉を使うのは本当に良いことなのかと考えるようになりました。「希望」という言葉には二通りの意味があると思います。一つは、「物事の実現を望むこと（実現可能な希望）」。もう一つは、「将来に対する期待や明るい見通し（漠然とした希望）」です。

認知症の人に対して使う「希望」は「叶わないこと」に対して明るい見通しを考える後者の意味で使われていないでしょうか。

私はいつも「笑顔で生きる」と言いますが、そのことは希望とされます。認知症の当事者は「診断による絶望」と「症状による絶望」を感じています。さらに診断直後から、「心配」や「やさしさ」から「危ない」「何もできなくなった」などと言われ、自分自身で考え、自分のしたいように行動するという、「自由な行動」を奪われます。そうしたことを通じて、「誰も自分の味方になる人がいない」と感じるから、絶望と感じるのではないでしょうか。

「希望」を考えると、絶望しているから希望を持ちましょうと言われているように聞こえるのです。身近な実現できる希望を考えるなら良いと思います。しかし、家族や社会は実現できる身近な希望ではなく、実現が想像できない未来への希望を考えていると感じています。当事者、家族、社会、それぞれの希望の考え方が違うと思うのです。

家族の希望は治療法を見つけ認知症が治ることでしょう。

社会では「認知症になりたくない」という人が大多数で、予防と治療に希望を持っていると思います。政策の「予防」は「進行を遅らせること」「認知症になっても暮らしやすい地域作り」を意味していますが、世間一般の人々は「認知症にならないこと」に対し希望を持っているように感じています。だから、当事者は認知症になってしまったことにより、落第者のレッテルを貼られ、笑顔になれないのです。

本当なら社会にとっての希望は「認知症になっても安心して暮らしていけること」でなくてはならないと思います。

認知症になった時「絶望」を感じるのは、これから先への不安によるもので、誰もが同じ体験をすると思います。しかし、そこから自分自身の症状を受け止め、分断された暮らしを再構築することが、当事者にとって大切なことなのです。

災害を例にすると、台風が来た時、みなさんは台風を止めようとはしないですよね。台風は止められないことをみんな知っているからです。何もしていなかったら最悪のことを考えてしまい「絶望」するかもしれません。だからこそ食料や水、燃料等を準備し備えます。

認知症も同じだと思います。認知症にならないようにどうするか考えるのではなく、認知症になることにどう備えるか、診断名でいったんは絶望しても、社会とのつながりを保つことで、人生を再構築することができます。

もちろん、認知症にならないようにする研究は大切です。でも、現在の医学ではならないようにする、治すことはできないのです。災害と同じで防ぐことはできないのです。

現在、認知症と診断されると、その瞬間から当事者は助けてあげる対象と考えられ、守らなければならない存在となってしまいます。診断直後から、「一人では外出させられない」「必要ないから財布は持たせない」「使わないからスマホはいらない」等、周りの人に生活のすべてを決められてしまう環境になり、いつも誰かに見られている状態で、「監視」されているように感じてしまいます。

監視され、制限される生活で不安を解消し、希望を持てると思いますか？

災害が発生し被災してしまった時に、「希望を持ちましょう」と言うのは、ずっとこの状態が続く最悪のことを考えずに、災害からの復興など明るい未来を考えたポジティブな「希望」を意味していると思います。多くの人は、認知症についても「未来の希望」について語っているように感じます。

しかし、認知症当事者にとっては未来も大切ですが、いまを大切に生きることが何よりも重要です。これまでの生活を工夫しながら、自分らしく続けていくことで将来も良くなるのです。

私が認知症になって感じていることは、認知症になったからといって、今日と明日は何も変わらないということです。一週間後、一ヵ月後も変わらないと思っています。一年後、もしかすると症状が増え認知症が進行するかもしれません。

当事者が「希望」を持って暮らせるようになるためには、進行する一年後に「備える」ために、多くの仲間と話をして、「工夫をすることで、これまでの暮らしを継続していくことができる」ということをみんなと共有しておくことが必要です。周りの人たちとよく話をするからこそ、自分の考えが自然と関わる人たちに伝わるのです。そうしていると、多くの仲間を増やすことができ、助けてもらえるようになり、周りの人たちを「味方」だと感じることができるのです。そのことで、症状が増えても工夫して笑顔で暮らせると感じることができ、未来が明るくなります。

当事者にとって希望を持つということは、いつできるかわからない認知症の特効薬を待っていることではなく、認知症を受け入れて、未来を再構築していくことではないでしょうか。

未来への希望は、身近な希望を周囲の人に伝え、一日一日をお互いに笑顔で楽しく過ごすことであり、認知症を受け入れ「認知症と共に生きる」ことだと考えます。

良き理解者との出会い

最近では、元気に行動して生活している当事者も増えてきました。そのような当事者を見ていると共通しているのは自分で決めて行動しているということです。自分で行動した結果、道が広がっているのです。

たまたま環境が良かったとかラッキーだったと言われますが、自ら判断して動いている当事者は症状が増えてきても生き生きと過ごしているのです。そこには失敗もありますが、失敗を繰り返すことで考え工夫をするようになります。

よく家族や支援者は失敗させないようにしますが、失敗しても続けるから成功体験となるのです。成功体験を積み重ねることで前向きになってくるのです。

そのためにも、認知症当事者が自分で決めて行動することが大切なのです。自分で動くことで良き支援者や仲間と出会うことができるのです。

「どのようにすれば支援者や仲間を作ることができますか」と当事者の家族から訊かれますが、お金を出したり、与えられるものではなく、自ら行動することで自然とつながっていくのです。

認知症当事者が自ら動けるような環境がなければ、良き理解者との出会いも難しいと思います。家族がつなげたいと思って行動しても当事者が動かなければつながりは途切れてしまいます。当事者自身の気持ちで人とつながるために情報を提供することは大切です。しかし、無理やり連れ出したり、勝手に決めつけたりしたら逆効果になると思います。

私の新しい人生

認知症と診断された後、仕事の内容は変わり、車の運転免許証を返納して認知症と診断される前までの生活とはまるっきり変わってしまいました。

仕事は営業ではなくなり、事務の仕事になったことにより社内の人以外の人たちとの関わりがなくなりました。

免許証を返納したことで移動の手段が車から公共交通機関に変わりました。いままでの趣味は車があるから気軽にできていたものばかりで、車がなくなってからは遊びや行動範囲も狭まりました。生活がしづらくなったのは間違いない事実です。

しかし、一歩踏み出したことにより、いままで出会うことがなかった人たちとの出会いがありました。講演がきっかけで全国で多くの人たちと出会い、一緒にご飯を食べたり、出かけたりする仲間が増えました。

道に迷ったり、できないことがあったりする時には人に訊くことでサポートをしてもらっています。それは、家族、会社の仲間、友達だけではなく、まったく知らない人の時もあります。

みなさんが助けてくれることで人のやさしさを感じる機会が増えました。

認知症になったことはけっして良いことではありませんが、認知症になったからこそできた良い経験がたくさんあります。一つ一つの経験が私を笑顔に前向きにしてくれました。

さまざまな経験から、考える力もついたと思います。

いままで経験したことのない経験をたくさんしてきました。これも多くの人たちとの出会い、新しいつながりによるものです。もし、いろいろな場面で「ダメ」と言われていたら、いまの私はいなかったと思います。自分で決めて動いた結果、認知症になっても良い環境となり、より良い生活が送れたのです。そして「認知症になっても新しい人生を作ることができる」と私は実感しています。

でもこれからのことで不安はなくなったわけではありません。

これから先のことを考えると不安な気持ちになってしまうこともあります。

だからこそ、一日一日を笑顔で楽しく過ごそうと心がけています。

私が出会ってきた当事者の中には、元気に行動し進行していないように見える人もいます。しかし、私も同じですが、当事者それぞれが自分で進行を感じています。人の顔が認識しづらい、絶対に忘れない大切なことを忘れてしまう、例えば、姉の名前などを忘れてしまうこともありました。

けっして進行していないのではなく、進行してもより良く生きようとしているのです。

それは人とのつながりを断ち切ることがなく、自分の症状をきちんと伝え、自分の周りの環境を良くすることで安心して挑戦することができているからです。

進行していっても、より良く生きることができると多くの認知症の当事者から学びました。

みんなが安心できる環境、そして、「安心して認知症になれる社会」を一緒に作っていきましょう。

おわりに

今回、勇気を出してこの本を書きました。なぜ、勇気が必要だったかというと、この本を読んだ人の中には、これまでやってきたことを否定されているように感じる人がいるかもしれないと思うからです。

また、「支援者や家族の気持ちの何が当事者にわかるのか」と感じる人もいるのではないかと思います。怒りの感情が湧き出る人もいるかもしれません。しかし、当事者の想いや考えを「批判・非難」するのではなく、みんなが認知症になっても笑って過ごせるように、当事者と一緒に考えてもらえたらうれしいです。

これまで介護してきた人たちは、その時代や社会環境の中で、精一杯頑張ってきたのだと感じています。一人で頑張る介護しかできなかったという状況もあったと思います。

いまの社会の状況では、認知症と診断されて監視、管理されるような環境や精神科病院に入れられるような環境は誰にとっても、いつ自分の身にふりかかるかわからない、いわば紙一重の問題なのです。みんなが認知症になっても自分で決めて笑顔で過ごせるように認知症当事者と一緒に考えてくれることを願います。

私は認知症になり、良い仲間と出会うことで笑顔で暮らし続けることができていますが良い経験ばかりではありません。嫌なことも言われてきました。

「丹野君はいいよね、会社に恵まれ、仲間はたくさんいるし、講演もしているのでお金もいっぱいあるのでは」と言われたこともありました。講演後、楽しく飲んでいると「何をやっているの、奥さんは大変な思いをしているのに自分だけ遊んで」とも言われました。

「会社に恵まれた」。たしかに会社の人たちに恵まれていると思います。でもどんな状況になっても笑顔で毎日仕事に行き続けてきたこと、みんなに認めてもらいたいと思い工夫をして仕事をしてきたことで、会社の仲間たちが私のことを認めて応援してくれたのだと思います。

「仲間がたくさんいる」。それは、最初に自分で動いたことがきっかけです。認知症の人と家族の会につながり、「一〇分間自分の気持ちをみんなの前で話してみない？」と言われ、断らずに話をしたことがきっかけで講演を依頼されるようになりました。最初は五分くらいを泣きながら話しました。そして地元宮城での講演で地元に仲間たちができて、その後県外でも講演をするようになり全国の仲間たちも増えました。

最初に「できません」と言わなかったことで、たくさんの仲間ができたのだと思います。「いいえ」と言わなかったことが自分の世界を広げてきたのです。

「お金がある」とも言われます。もちろん多くの講演をして、会社員としてネッツトヨタ仙台でも仕事をしているので他の当事者に比べて多く収入があることは否定できません。でも自分の時間を最大限に使って働いた結果なのです。なぜ、こんなに一生懸命に働いているのにそんなことを言われないといけないのでしょうか？

講演で頂いたお金を貯めて海外での学会や全国の不安を持った当事者のところに自費で行っています。それも、遊んでいると思われていると感じます。実際に時間に余裕があれば遊びます。おいしいものも食べます。楽しんで活動しています。それが悪いことなのでしょうか。

「奥さんは大変な思いをしている」と言われます。認知症になったらずっと一緒にいることが必要なのでしょうか。私はそうは思っていません。認知症になる前は、土日も仕事のことが多く長期の休みの時にしか家族で出かけることがありませんでした。いまも同じ状況だと思います。私が土日講演の時には妻は、友達と遊んだり、子供たちとおいしいものを食べに行ったりして楽しんでいます。私たちはお互いに自分の時間を大切にしているのです。そして、認知症になる前よりも一緒にいる時間も増えたし、話をする機会も増えたような気がします。

道に迷って帰った時に、妻に「こんなに自由に動いて何も言わないの」と訊くと「心配はしているけど、信用しているよ」と言ってくれたことがありました。この言葉をきっかけに、不安はあるけれど精一杯自分で動いてみようと思ったのです。

この本を読み、みなさんの目の前にいる当事者の想いに気づいた時に、これまでしてきたことを悔やむのではなく、これから認知症になる人たちのためにも一緒に考えてくれることを願います。

二〇二一年七月

丹野智文

丹野智文

1974年宮城県生まれ。東北学院大学卒業後、ネッツトヨタ仙台入社。トップセールスマンとして活躍中の2013年、若年性アルツハイマー型認知症と診断される。診断後は営業職から事務職に異動し勤務を続け、現在は認知症への社会的理解を広める活動が仕事になっている。'15年より、認知症当事者のためのもの忘れ総合相談窓口「おれんじドア」を開設、実行委員会代表。精力的に自らの経験を語る活動に力を入れている。著書に『丹野智文 笑顔で生きる―認知症とともに―』(文藝春秋)ほか。

講談社+α《プラスアルファ》新書 845-1 C

認知症《にんちしょう》の私《わたし》から見《み》える社会《しゃかい》

丹《たん》野《の》智《とも》文《ふみ》 ©Tomofumi Tanno 2021

2021年9月15日第1刷発行

発行者―――― 鈴木章一

発行所―――― 株式会社 講談社

東京都文京区音羽2-12-21 〒112-8001

電話 編集(03)5395-3522

販売(03)5395-4415

業務(03)5395-3615

デザイン―――― 鈴木成一デザイン室

カバー印刷―――― 共同印刷株式会社

印刷―――― 豊国印刷株式会社

製本―――― 牧製本印刷株式会社

本文データ制作―― 講談社デジタル製作

KODANSHA

定価はカバーに表示してあります。

落丁本・乱丁本は購入書店名を明記のうえ、小社業務あてにお送りください。

送料は小社負担にてお取り替えします。

なお、この本の内容についてのお問い合わせは第一事業局企画部「+α新書」あてにお願いいたします。

本書のコピー、スキャン、デジタル化等の無断複製は著作権法上での例外を除き禁じられています。本書を代行業者等の第三者に依頼してスキャンやデジタル化することは、たとえ個人や家庭内の利用でも著作権法違反です。

Printed in Japan

ISBN978-4-06-525042-6

講談社+α新書

知っているようで知らない夏目漱石　出口汪　きっかけがなければ、なかなか手に取らない、生誕150年に贈る文豪入門の決定版！　990円 778-1 C

働く人の養生訓　あなたの体と心を軽やかにする習慣　若林理砂　だるい、疲れがとれない、うつっぽい。そんな現代人の悩みをスッキリ解決する健康バイブル　924円 779-1 B

認知症　専門医が教える最新事情　伊東大介　正しい選択のために、日本認知症学会学会賞受賞の臨床医が真の予防と治療法をアドバイス　924円 780-1 B

工作員・西郷隆盛　謀略の幕末維新史　倉山満　「大河ドラマ」では決して描かれない陰の貌。明治維新150年に明かされる新たな西郷像！　924円 781-1 C

2時間でわかる政治経済のルール　倉山満　消費増税、憲法改正、流動する外交のパワーバランス……ニュースの真相はこうだったのか！　946円 781-2 C

「よく見える目」をあきらめない　遠視・近視・白内障の最新医療　荒井宏幸　劇的に進化している老眼、白内障治療。50代、60代でも8割がメガネいらずに！　946円 783-1 B

野球エリート　野球選手の人生は13歳で決まる　赤坂英一　根尾昂、石川昂弥、高松屋翔音……次々登場する新怪物候補の秘密は中学時代の育成にあった　924円 784-1 D

NYとワシントンのアメリカ人がクスリと笑う日本人の洋服と仕草　安積陽子　マティス国防長官と会談した安倍総理のスーツの足元はローファー…日本人の変な洋装を正す　946円 785-1 D

医者には絶対書けない幸せな死に方　たくきよしみつ　「看取り医」の選び方、「死に場所」の見つけ方。お金の問題……。後悔しないためのヒント　924円 786-1 B

もう初対面でも会話に困らない！ 口ベタのための「話し方」「聞き方」　佐野剛平　『ラジオ深夜便』の名インタビュアーが教える、自分も相手も「心地よい」会話のヒント　880円 787-1 A

人は死ぬまで結婚できる　晩婚時代の幸せのつかみ方　大宮冬洋　80人以上の「晩婚さん」夫婦の取材から見えてきた、幸せ、課題、婚活ノウハウを伝える　924円 788-1 A

表示価格はすべて税込価格（税10%）です。価格は変更することがあります

講談社＋α新書

人生１００年時代の個人M&A入門 サラリーマンは３００万円で小さな会社を買いなさい
三戸政和
脱サラ・定年で飲食業や起業に手を出すと地獄が待っている。個人M&Aで資本家になろう！
924円 789-1 C

サラリーマンは３００万円で小さな会社を買いなさい 会計編
三戸政和
サラリーマンは会社を買って「奴隷」から「資本家」へ。決定版バイブル第2弾、「会計」編！
946円 789-2 C

名古屋円頓寺《えんどうじ》商店街の奇跡
山口あゆみ
「野良猫さえ歩いていない」シャッター通りに人波が押し寄せた！ 空き店舗再生の逆転劇！
880円 790-1 C

少子高齢化でも老後不安ゼロ シンガポールで見た日本の未来理想図
花輪陽子
日本を救う小国の知恵。1億総活躍社会、経済成長率3・5%、賢い国家戦略から学ぶこと
946円 791-1 C

マツダがBMWを超える日 クールジャパンからプレミアムジャパン・ブランド戦略へ
山崎明
日本企業は薄利多売の固定観念を捨てなさい。新プレミアム戦略で日本企業は必ず復活する！
968円 792-1 C

知っている人だけが勝つ 仮想通貨の新ルール
小島寛明＋ビジネスインサイダージャパン取材班
仮想通貨は日本経済復活の最後のチャンスだ。この大きな波に乗り遅れてはいけない
924円 793-1 C

夫婦という他人
下重暁子
67万部突破『家族という病』、27万部突破『極上の孤独』に続く、人の世の根源を問う問題作
858円 794-1 A

歩く速さなのに らくらく 健康効果は2倍！ スロージョギング運動
讃井里佳子
歩幅は小さく足踏みするテンポ。足の指の付け根で着地。科学的理論に基づいた運動法
968円 795-1 B

AIで私の仕事はなくなりますか？
田原総一朗
グーグル、東大、トヨタ……「極端な文系人間」の著者が、最先端のAI研究者を連続取材！
946円 796-1 C

本社は田舎に限る
吉田基晴
徳島県美波町に本社を移したITベンチャー企業社長。全国注目の新しい仕事と生活スタイル
946円 797-1 C

50歳を超えても脳が若返る生き方
加藤俊徳
寿命100年時代は50歳から全く別の人生を！ 今までダメだった人の脳は後半こそ最盛期に!!
968円 798-1 B

表示価格はすべて税込価格（税10%）です。価格は変更することがあります

講談社＋α新書

99%の人が気づいていないビジネス力アップの基本100	山口　博	アイコンタクトからモチベーションの上げ方まで。「できる」と言われる人はやっている	946円	799-1	C
妻のトリセツ	黒川伊保子	いつも不機嫌、理由もなく怒り出す――理不尽極まりない妻との上手な付き合い方	880円	800-1	A
夫のトリセツ	黒川伊保子	話題騒然の大ヒット『妻のトリセツ』第2弾。夫婦70年時代、夫に絶望する前にこの一冊	902円	800-2	A
世界の常識は日本の非常識　自然エネは儲かる！	吉原　毅	新産業が大成長を遂げている世界の最新事情を紹介し、日本に第四の産業革命を起こす一冊！	946円	801-1	C
人生後半こう生きなはれ	川村妙慶	人生相談のカリスマ僧侶が仏教の視点で伝える、定年後の人生が100倍楽しくなる生き方	924円	802-1	A
明日の日本を予測する技術　「権力者の絶対法則」を知ると未来が見える！	長谷川幸洋	ビジネスに投資に就職に!!　6ヵ月先の日本が見えるようになる本！　日本経済の実力も判明	968円	803-1	C
人が集まる会社　人が逃げ出す会社	下田直人	従業員、取引先、顧客。まず、人が集まる会社をつくろう！　利益はあとからついてくる	902円	804-1	C
志ん生が語る　クオリティの高い貧乏のススメ　昭和のように生きて心が豊かになる25の習慣	美濃部由紀子	NHK大河ドラマ「いだてん」でビートたけし演じる志ん生は著者の祖父、人生の達人だった	924円	805-1	A
精　日　加速度的に日本化する中国人の群像	古畑康雄	日本文化が共産党を打倒した!!　対日好感度も急上昇で、5年後の日中関係は、激変する!!	946円	806-1	C
6つの脳波を自在に　たった1年で世界イチになる　操るNFBメソッド　メンタル・トレーニング	林　愛理	スキージャンプ年間王者・小林陵侑選手も実践。リラックスも集中も可能なゾーンに入る技術!!	968円	807-1	B
古き佳きエジンバラから　新しい日本が見える	ハーディ智砂子	遥か遠いスコットランドから本当の日本が見える。ファンドマネジャーとして日本企業の強さも実感	946円	808-1	C

表示価格はすべて税込価格（税10%）です。価格は変更することがあります

講談社＋α新書

戦国武将に学ぶ「必勝マネー術」
橋場日月
生死を賭した戦国武将たちの人間くさくて、ユニークで残酷なカネの稼ぎ方、使い方！
968円 809-1 C

さらば銀行 「第3の金融」が変える お金の未来
杉山智行
僕たちの小さな「お金」が世界中のソーシャルな課題を解決し、資産運用にもなる凄い方法！
946円 810-1 C

IoT最強国家ニッポン 日本企業が4つの主要技術を支配する時代
南川明
レガシー半導体・電子素材・モーター・電子部品……IoTの主要技術が全て揃うのは日本だけ!!
968円 811-1 C

がん消滅
中村祐輔
最先端のゲノム医療、免疫療法、AI活用で、がんの恐怖がこの世からなくなる日が来る！
990円 812-1 B

定年破産絶対回避マニュアル
加谷珪一
人生100年時代を楽しむには？ ちょっとのお金と、制度を正しく知れば、不安がなくなる！
946円 813-1 C

危ない日本史
本郷和人
NHK「偉人たちの健康診断」取材班
明智光秀はなぜ信長を討ったのか。石田三成の遺骨から復元された顔は。龍馬暗殺の黒幕は
946円 814-1 C

日本への警告 米中ロ朝鮮半島の激変から人とお金が向かう先を見抜く
ジム・ロジャーズ
日本衰退の危機。私たちは世界をどう見る？ 新時代の知恵と教養が身につく大投資家の新刊
990円 815-1 C

起業するより会社は買いなさい サラリーマン・中小企業のためのミニM&Aのススメ
高橋聡
定年間近な人、副業を検討中の人に「会社を買う」という選択肢を提案。小規模M&Aの魅力
924円 816-1 C

「平成日本サッカー」秘史 熱狂と歓喜はこうして生まれた
小倉純二
Jリーグ発足、W杯日韓共催——その舞台裏にもまた「負けられない戦い」に挑んだ男達がいた
1012円 817-1 C

メンタルが強い人がやめた13の習慣
エイミー・モーリン
長澤あかね 訳
一番悪い習慣が、あなたの価値を決めている！ 最強の自分になるための新しい心の鍛え方
990円 818-1 A

メンタルが強い子どもに育てる13の習慣
エイミー・モーリン
長澤あかね 訳
子どもをダメにする悪い習慣を捨てれば、〝自分を律し、前向きに考えられる子〟が育つ！
1045円 818-2 A

表示価格はすべて税込価格（税10％）です。価格は変更することがあります

講談社＋α新書

- 人間関係が楽になる 脳幹リセットワーク — 藤本 靖 — わりばしをくわえる、ティッシュを噛むなど、たったこれだけで芯からゆるむボディワーク — 990円 819-1 B
- もの忘れをこれ以上増やしたくない人が読む本 脳のゴミをためない習慣 — 松原英多 — 今一番読まれている脳活性化の本の著者が、「すぐできて続く」脳の老化予防習慣を伝授！ — 990円 820-1 B
- 全身美容外科医 道なき先にカネはある — 高須克弥 — 「整形大国ニッポン」を逆張りといかがわしさで築き上げた男が成功哲学をすべて明かした！ — 968円 821-1 A
- 世界のスパイから喰いモノにされる日本 ＭＩ６、ＣＩＡの厳秘インテリジェンス — 山田敏弘 — 世界１００人のスパイに取材した著者だから書ける日本を襲うサイバー嫌がらせの恐るべき脅威！ — 968円 822-1 C
- 空気を読む脳 — 中野信子 — 日本人の「空気」を読む力を脳科学から読み解く。職場や学校での生きづらさが「強み」になる — 946円 823-1 C
- ソフトバンク崩壊の恐怖と農中・ゆうちょに迫る金融危機 — 黒川敦彦 — 巨大投資会社となったソフトバンク、農家の預金等１０８兆を運用する農中が抱える爆弾とは — 924円 824-1 C
- ソフトバンク「巨額赤字の結末」とメガバンク危機 — 黒川敦彦 — コロナ危機でますます膨張する金融資本。崩壊のＸデーはいつか。人気YouTuberが読み解く。 — 924円 824-2 C
- 次世代半導体素材ＧａＮの挑戦 22世紀の世界を先導する日本の科学技術 — 天野 浩 — ノーベル賞から6年——日本発、21世紀最大の産業が出現する!! 産学共同で目指す日本復活 — 968円 825-1 C
- 会計が驚くほどわかる魔法の10フレーズ — 前田順一郎 — この10フレーズを覚えるだけで会計がわかる！「超一流」がこっそり教える最短距離の勉強法 — 990円 826-1 C
- ＥＳＧ思考 激変資本主義１９９０—２０２０、経営者も投資家もここまで変わった — 夫馬賢治 — 世界のマネー３０００兆円はなぜ本気で温暖化対策に動き出したのか？ 話題のＥＳＧ入門 — 968円 827-1 C
- 超入門カーボンニュートラル — 夫馬賢治 — カーボンニュートラルから新たな資本主義が誕生する。第一人者による脱炭素社会の基礎知識 — 946円 827-2 C

表示価格はすべて税込価格（税10％）です。価格は変更することがあります

講談社+α新書

内向型人間が無理せず幸せになる唯一の方法
スーザン・ケイン 古草秀子 訳
成功する人は外向型という常識を覆した全米ミリオンセラー。孤独を愛する人に女神は微笑む
990円 828-1 A

トヨタ チーフエンジニアの仕事
北川尚人
GAFAも手本にするトヨタの製品開発システム。その司令塔の仕事と資質を明らかにする
968円 829-1 C

ダークサイド投資術 元経済ヤクザが明かす「アフター・コロナ」を生き抜く黒いマネーの流儀
猫組長(菅原潮)
恐慌と戦争の暗黒時代にも揺るがない「王道の投資」を、元経済ヤクザが緊急指南!
968円 830-1 C

カルト化するマネーの新世界 元経済ヤクザが明かす「黒い経済」のニューノーマル
猫組長(菅原潮)
投資の常識が大崩壊した新型コロナ時代に、元経済ヤクザが放つ「本物の資産形成入門」
968円 830-2 C

シリコンバレーの金儲け
海部美知
「ソフトウェアが世界を食べる」時代の金儲けの法則を、中心地のシリコンバレーから学ぶ
968円 831-1 C

認知症の人が「さっきも言ったでしょ」と言われて怒る理由 5000人を診てわかったほんとうの話
木之下徹
認知症一〇〇〇万人時代。「認知症=絶望」ではない。「よりよく」生きるための第一歩
968円 832-1 B

成功する人ほどよく寝ている 最強の睡眠に変える食習慣
前野博之
記憶力低下からうつやがんまで、睡眠負債のリスクを毎日の食事で改善する初のメソッド!
990円 833-1 B

健康本200冊を読み倒し、自身で人体実験してわかった **食事法の最適解**
国府田淳
これが結論! ビジネスでパフォーマンスを240%上げる食べ物・飲み物・その摂り方
990円 834-1 B

なぜネギ1本が1万円で売れるのか?
清水寅
ブランド創り、マーケティング、営業の肝、働き方、彼のネギにはビジネスのすべてがある!
968円 835-1 C

わが子に「なぜ海の水はしょっぱいの?」と聞かれたら? 尊敬される大人の教養100
「大人」とは何か?研究所 編
地獄に堕ちたら釈放まで何年かかる? 会議、接待、スピーチ、家庭をアゲる「へえ?」なネタ!
858円 837-1 C

なぜニセコだけが世界リゾートになったのか 「地方創生」「観光立国」の無残な結末
高橋克英
地価上昇率6年連続一位の秘密。新世界「ニセコ金融資本帝国」に苦境から脱するヒントがある。
990円 838-1 C

表示価格はすべて税込価格(税10%)です。価格は変更することがあります

講談社+α新書

就活のワナ あなたの魅力が伝わらない理由
石渡嶺司
インターンシップ、オンライン面接、エントリーシート……。激変する就活を勝ち抜くヒント
1100円 839-1 C

考える、書く、伝える 生きぬくための科学的思考法
仲野　徹
名物教授がプレゼンや文章の指導を通じ伝授する、仕事や生活に使える一生モンの知的技術
990円 840-1 C

生贄探し 暴走する脳
中野信子　ヤマザキマリ
「世間の目」が恐ろしいのはなぜか。知っておきたい日本人の脳の特性と多様性のある生き方
968円 823-2 C

藤井聡太論 将棋の未来
谷川浩司
人間はどこまで強くなれるのか？　天才が将棋界を席巻する若き天才の秘密に迫る
990円 836-1 C

この国を覆う憎悪と嘲笑の濁流の正体
青木　理　安田浩一
ネットに溢れる悪意に満ちたデマや誹謗中傷、その病理を論客二人が重層的に解き明かす！
990円 841-1 C

ほめて伸ばすコーチング
林　壮一
楽しくなければスポーツじゃない！　子供の力がひとりでに伸びる「魔法のコーチング法」
946円 842-1 C

「方法論」より「目的論」 「それって意味ありますか？」からはじめよう
安田秀一
日本社会の「迷走」と「場当たり感」の根源は方法論の呪縛！　気鋭の経営者が痛快に説く！
880円 843-1 C

自壊するメディア
望月衣塑子　五百旗頭幸男
メディアはだれのために取材、報道しているのか。全国民が不信の目を向けるマスコミの真実
968円 844-1 C

認知症の私から見える社会
丹野智文
認知症になっても「何もできなくなる」わけではない！　当事者達の本音から見えるリアル
880円 845-1 C

表示価格はすべて税込価格（税10%）です。価格は変更することがあります